John William Burgess

Der europäische Krieg (1914-1918)

Seine Ursachen, seine Ziele und seine voraussichtlichen Ergebnisse

John William Burgess

Der europäische Krieg (1914-1918)

Seine Ursachen, seine Ziele und seine voraussichtlichen Ergebnisse

ISBN/EAN: 9783955641092

Auflage: 1

Erscheinungsjahr: 2013

Erscheinungsort: Bremen, Deutschland

EHV
HISTORY

Der europäische Krieg

Seine Ursachen, seine Ziele und seine voraussichtlichen Ergebnisse

von

John William Burgeß

früherem Professor des Verfassungs- und Völkerrechtes an der Columbia-Universität

Verlag von S. Hirzel in Leipzig
1915

Vorwort.

Dieses kleine Buch ist bereits vor einigen Monaten verfaßt worden, doch habe ich sein Erscheinen absichtlich bis jetzt verzögert. Und ich bin nicht sicher, ob nicht seine Veröffentlichung selbst jetzt noch verfrüht ist.

Es ist eine historische Tatsache sowie das Ergebnis persönlicher Erfahrung, daß in jeder großen Frage die Mehrzahl im allgemeinen anfänglich auf der falschen Seite steht. Ich selbst habe, so lange ich zu denken vermag, unser Land viermal in Erregung gesehen. Das erste Mal handelte es sich um den Antisklavereitaumel, als der Norden wie der Süden sich in einer Erregung erhoben, die, wie die Leute meinten, die gerechte Empörung gegen die Bedroher der bestehenden Ordnung und des öffentlichen Friedens, die verabscheuten Garrisonianer, in Wirklichkeit aber nur die Wut eines bösen Gewissens war, das sich gegen die Erkenntnis der auf ihm lastenden Sündenschuld abzustumpfen bemühte. Fünf Jahre später sah ich dann dieselben Männer als Chorführer der gewaltigen Mehrheit den Schlachtgesang der Freiheit singen.

Das zweite Mal war es die Papiergeld- und das dritte Mal die Silberwährungsschwärmerei, wo der Gegenstand trotz seiner Nüchternheit die große Mehrheit so erregte und die Gemüter in so hohem Grade erhitzte, daß sie in ihrem Selbstgerechtigkeitsgefühl gegenüber denen, die verlangten, daß der Schuldner in anerkanntem Gelde zahle, ihr eigenes Streben nach einer gesunden und ehrlichen Währung zum Schweigen brachten. Es bedurfte der ganzen amtlichen und persönlichen Macht von vier Präsidenten, Grant, Hayes, Cleveland und Mc Kinley, um diesen das ganze Volk fortreißenden Strom moralischen Rausches in ein geordnetes Bett zu leiten und damit die Menschen dahin zu bringen, dem gesunden Menschenverstand und der allgemeinen Ehrbarkeit die ihnen gebührende Geltung zu verschaffen. Und dennoch kenne ich heute kaum jemanden, der sich nicht schämte, falls sein Großvater von einer dieser Narrheiten befallen gewesen sein sollte.

Gegenwärtig haben wir nun seit sechs Monaten den Taumel der Deutschfeindlichkeit erlebt, vielleicht den sinnlosesten von allen. Denn wer wäre wohl so blind, daß er nicht auf den ersten Blick bemerkte, wie der vereinte Sieg des Selbstherrschers auf dem Lande und des Selbstherrschers auf dem Meere ihre Vorherrschaft in der Welt bedeutet? Und was haben uns denn die Deutschen je angetan, daß sie diese schlechte Behandlung von unserer Seite verdienten? Dennoch ist dieser Taumel vielleicht der erklärlichste von allen, denn wenn die Mehrheit zu Anfang so wenig richtiges

Verständnis für innere Fragen hat, wie ich gezeigt habe, wie kann man dann von ihr verlangen, daß sie irgendwelches Verständnis für eine große auswärtige Bewegung hätte, die für die Zivilisation von solch epochemachender Bedeutung ist wie jene, welche gegenwärtig ganz Europa erschüttert?

Es war ganz unvermeidlich, daß die Aufmerksamkeit der großen Mehrheit sich zunächst um einige der näher liegenden und unwichtigeren Äußerlichkeiten der Bewegung drehte, und daß diese mißdeutet wurden, daß diese Mißdeutungen dann übertrieben wurden, bis sie schließlich zu Zerrbildern und Schlagworten geworden sind. Gegenwärtig liegen gewisse Anzeichen dafür vor, daß wir anfangen, uns aus diesem Bann der erregten und mißleiteten Gefühle freizumachen und den Dingen freier und objektiver ins Auge zu sehen. Diese Tatsache gibt mir den Mut, gerade jetzt dieses Buch zu veröffentlichen.

Im März 1915. J. W. B.

Inhaltsverzeichnis.

Kapitel I.

Der Vorwand zum Kriege.

Für jemanden, der seit nahezu fünfzig Jahren gewöhnt ist, täglich diplomatische Aktenstücke zu lesen und auszulegen, und dessen Beruf es seit nahezu vierzig Jahren ist, Andere zu lehren, wie man solche Aktenstücke lesen und auslegen muß, ist es eine merkwürdige Erscheinung, daß man hierzulande einmütig angenommen hat, das englische Blaubuch lehre, daß Sir Edward Grey während der Periode lebhaften diplomatischen Gedankenaustausches, die dem Ausbruch des Krieges unmittelbar vorausging, durch welchen jetzt Europa verwüstet wird, der erste Apostel des Friedens gewesen sei. Ich habe alle die zahlreichen Stücke dieses Dokumentes oftmals durchgelesen und kann den Text jener, welche die entscheidenden Angelpunkte des Ganzen bilden, wörtlich wiederholen. Ich bin nun ganz sicher, daß es noch einen andern Weg gibt, dieses Dokument auszulegen, und zwar einen Weg, der theoretisch folgerichtiger und durchweg einleuchtender ist und mit den vorausgegangenen Schritten einen natürlicheren Zusammenhang hat als die Auslegung, die man hierzulande so allgemein als die einzig mögliche betrachtet.

Ehe ich an diesen Gegenstand herantrete, möchte ich meine Leser bitten, sich dreierlei deutlich gegenwärtig zu halten. Zunächst, daß dieses englische Blaubuch weder die Ursachen dieses Krieges, noch seine Ziele darlegt, sondern nur die Anlässe zu ihm. Die Ursachen des Krieges liegen viel weiter zurück als irgendetwas, was in diesem Dokumente enthalten ist. Sie liegen, wie ich im nächsten Kapitel ausführlicher dartun werde, in der Entschlossenheit Rußlands, die Balkanländer zu beherrschen und seine Herrschaft bis zum Bosporus, zum Ägäischen und zum Adriatischen Meere auszudehnen; in der Entschlossenheit Frankreichs, Elsaß-Lothringen zu erobern, und in der Entschlossenheit Englands, den politischen, industriellen und finanziellen Aufschwung Deutschlands zu unterdrücken. Diese drei Punkte bildeten jahrelang vor dem Ausbruch dieses Krieges die Hauptgefahren, welche das Leben und das Gedeihen des Deutschen Reiches und der österreichisch-ungarischen Monarchie bedrohten. So lange diese Bestrebungen getrennt gehalten werden konnten, konnte in Europa Frieden herrschen; als sie aber in dem Abkommen vereinigt wurden, das zuerst als die Tripelentente bezeichnet wurde, und als sich diese Entente im Sommer 1914 zur Militärkonvention entwickelte, da schied der Friede aus Europa, und Gott allein weiß, wann er wiederkehren wird. Das vorliegende englische Blaubuch ist einfach die vom englischen Standpunkte aus dargestellte Geschichte des Weges, auf dem sich diese Entwicklung vollzogen hat.

In zweiter Linie wollen wir uns immer gegenwärtig halten, daß diplomatische Aktenstücke keine von aufrichtigen gottesfürchtigen Geistlichen gehaltene Predigten, auch keine wissenschaftlichen Aufsätze sind, deren Zweck es ist, die Wahrheit darzutun, sondern daß ihre Sprache gewählt und benutzt wird, um den eigentlichen Zweck zu verdecken und Ergebnisse zu zeitigen, die von denen, die sie als erwünscht darstellen, abweichen, ja ihnen zuweilen gerade entgegenlaufen. Wenn man diplomatische Aktenstücke liest, muß man nicht nur zwischen den Zeilen zu lesen verstehen, sondern auch hinter den Zeilen und vor den Zeilen und um die Zeilen herum, und man darf niemals vergessen, daß die in Wirklichkeit erzielten Ergebnisse vermutlich die von der erfolgreichen Partei beabsichtigten gewesen sind.

Drittens muß man bedenken, daß der diplomatische Notenwechsel ein Spiel mit Worten ist und durch geheime mündliche Abmachungen modifiziert wird. Man muß verstehen, die Stellen herauszufinden, die den Kern des Vorschlages oder der Beweisführung bilden, und diesen Kern von dem Nebelschleier zu befreien, mit dem er umgeben ist, und meistenteils absichtlich umgeben ist; man muß verstehen, die mündlichen Vereinbarungen zu erfassen, welche diesen Aktenstücken ihre eigentliche Bedeutung geben.

Nach der brutalen Ermordung des österreichisch-ungarischen Thronfolgers und seiner Gemahlin zu Serajewo am 28. Juni war natürlich in der ganzen Welt der erste Gedanke der, welche Schritte Österreich-Ungarn deswegen tun würde. Kein Mensch dachte daran, daß man ein derartiges Verbrechen straflos hingehen lassen würde. Die österreichisch-ungarische Regierung leitete sofort eine Untersuchung ein, die bis zum Schlusse der dritten Juliwoche dauerte, und machte am 23. Juli bekannt, was sie entdeckt hatte, und was sie zu tun beabsichtige.

Sie erklärte, sie habe herausgefunden, daß der Plan zur Ermordung des Erzherzogs und seiner Gemahlin in Belgrad ausgeheckt worden war, daß hohe serbische Offiziere und Beamte in die Sache verwickelt waren, daß die Mörder die Waffen und Bomben, mit denen sie ausgestattet waren, von serbischen Offizieren und Beamten erhielten, die der Narodna Odbrana angehörten, der Vereinigung zur Anstiftung einer Revolution unter den Serben Österreichs gegen die österreichisch-ungarische Regierung, und daß schließlich die Beförderung der Verbrecher und deren Waffen nach Bosnien von den leitenden serbischen Grenzorganen veranstaltet und durchgeführt wurde.

Die österreichisch-ungarische Regierung erklärte weiter, daß die Mordtaten in Serajewo im Zusammenhange ständen mit Umsturzbestrebungen und die natürliche Folge derselben wären Bestrebungen, die darauf hinzielten, die österreichisch-ungarische Monarchie zu zertrümmern und gewisse Teile von ihr loszulösen, und die jahrelang in Serbien genährt worden waren; daß an dieser Bewegung Angehörige der serbischen Rasse beteiligt wären, die im Gebiete der österreichisch-ungarischen Monarchie lebten oder sich dort aufhielten; daß die serbische Regierung selbst wissentlich diese Bewegung in der Presse, in den Schulen und in den revolutionären Vereinen sich ungehindert habe entwickeln lassen, ungeachtet der Versprechungen freundnachbarlichen Verhaltens, welche eben diese Regierung am 31. März 1909 der österreichisch-ungarischen Regierung abgegeben hatte; und daß eine solche Sachlage es ihr nicht gestatte, „noch länger die Haltung zuwartender Langmut zu bewahren, die sie durch Jahre jenen Treibereien gegenüber eingenommen hatte, die ihren Mittelpunkt in Belgrad haben und von da auf die Gebiete der Monarchie übertragen werden"; daß sie vielmehr nunmehr verpflichtet sei, den Umtrieben ein Ende zu bereiten, die eine beständige Bedrohung für die Ruhe und Sicherheit der Monarchie bilden.

Auf Grund dieser Festsetzungen und Erklärungen verlangte die österreichisch-ungarische Regierung von der serbischen Regierung, sie solle öffentlich und in ihren offiziellen Zeitungen erklären, daß sie die gegen Österreich-Ungarn gerichtete Propaganda verurteile und von sich abschüttele, daß sie die Teilnahme serbischer Offiziere und Beamten an ihr bedauere, ihre grauenhaften Folgen beklage und Beamte wie Privatpersonen warne, daß sie mit äußerster Strenge gegen jedermann vorgehen werde, der sich fernerhin eines

Versuches der Förderung dieser Propaganda schuldig machen sollte.

Ferner verlangte die österreichisch-ungarische Regierung ausdrücklich die Unterdrückung von Veröffentlichungen, durch welche die Bevölkerung zu Handlungen aufgestachelt würde, welche gegen den Frieden und die Integrität Österreich-Ungarns gerichtet wären, die Auflösung aller Vereine in Serbien, deren Ziel die Verbreitung dieser Propaganda bilde, die Beseitigung aller Elemente aus dem öffentlichen Unterrichte, welche diese Propaganda förderten, die Entfernung aller Offiziere und Beamten aus dem öffentlichen Dienste, welche sich der Förderung der Propaganda schuldig gemacht hätten, die Festnahme und gerichtliche Verfolgung jener Offiziere und Beamten, die nach dem Ergebnis der österreichisch-ungarischen Untersuchung in die Mordtaten vom 28. Juni verwickelt wären, die Verhinderung ungesetzlichen Handels mit Waffen und Sprengstoffen aus Serbien über die Grenze zwischen Serbien und Österreich-Ungarn, die Entlassung und Bestrafung der serbischen Grenzbeamten, welche die Tätigkeit der Mörder gefördert hatten, und eine Erklärung über die Äußerungen hoher serbischer Offiziere und Beamten, welche die Ermordung des Erzherzogs und seiner Gemahlin billigten.

Schließlich verlangte die österreichisch-ungarische Regierung als Sicherheit für die aufrichtige Erfüllung dieser Forderungen seitens der serbischen Regierung, daß Vertretern Österreich-Ungarns gestattet würde, gemeinsam mit der serbischen Regierung die Untersuchung gegen die auf serbischem Gebiete lebenden Mitschuldigen an der Ermordung des Erzherzogs und seiner Gemahlin zu führen, sowie ferner die Unterdrückung aller gegen die Integrität der österreichisch-ungarischen Monarchie gerichteten umstürzlerischen Bewegungen.

Diese Forderung war fest und entschieden, aber sie war durch die Erfordernisse der Lage unumgänglich geworden. Man hatte es hier mit einem unruhigen Gemeinwesen zu tun – ich will nicht sagen mit einem Staate, denn das hauptsächliche Charakteristikum eines Staates besteht darin, daß eine organisierte und durch Gesetze geregelte Sittlichkeit in ihm herrscht – das in seinen Handlungen und Zielen hauptsächlich von Aufrührern, Verschwörern und Königsmördern geleitet wurde, einem Gemeinwesen, das in der Zeit von 1908 bis 1914 bereits zweimal Österreich-Ungarn an den Rand des Krieges gebracht hatte, einem Gemeinwesen, das in eben dieser Zeit Österreich-Ungarn gegenüber die feierliche und ausdrückliche Verpflichtung eingegangen war, seine gegen dieses Land gerichteten Intrigen und Machenschaften einzustellen und mit ihm aufrichtige und freundliche Beziehungen zu unterhalten, das aber unter beständiger Nichtachtung dieser Verpflichtungen und seiner davon unabhängigen Pflichten fortfuhr, seine Pläne für die Auflösung der österreichisch-ungarischen Monarchie zu schmieden, und schließlich den ruchlosen Mord des Erben der österreichisch-ungarischen Krone anstiftete, in der Absicht, eben das hervorzurufen, was denn auch eingetreten ist, nämlich einen europäischen Krieg zur Zerstörung der österreichisch-ungarischen Monarchie und des Deutschen Reiches. Somit bewegten sich die Forderungen Österreich-Ungarns, daß diese verbrecherische Verschwörung und diese verbrecherischen Unternehmungen gegen seine Existenz sowie die solche Bestrebungen fördernde Propaganda in Schule und Presse aufzuhören hätten, und daß die Hauptverschwörer zur Verantwortung zu ziehen seien, und daß dies unter Mitwirkung österreichisch-ungarischer Vertreter zu geschehen habe, wodurch vernunftgemäß die Sicherheit für eine wirksame Ausführung gegeben gewesen wäre, durchaus innerhalb der Grenzen, wie sie durch die Herausforderung gegeben waren.

Erst vor etwas mehr als Jahresfrist hat unsere Regierung die Forderung gestellt, daß eine mexikanische Regierung abzutreten hätte, weil unser Präsident der Meinung war, daß Huerta bei der Ermordung seines Vorgängers Madero beteiligt gewesen sei, und damals hat unsere Regierung diese Forderung nachdrücklich vertreten. Wir wollen nun einmal annehmen, unser eigener Vizepräsident und seine Gemahlin hätten sich zu einem offiziellen Besuche nach Austin in Texas begeben und wären dort infolge einer in der Stadt Mexiko ausgeheckten Verschwörung ermordet worden, in die, nach dem Ergebnisse der Untersuchung, die höchsten mexikanischen Beamten verwickelt gewesen wären, und zu deren Ausführung die Waffen aus dem Arsenal der mexikanischen Regierung geliefert worden wären, und wir wollen weiter annehmen, dies alles wäre infolge einer Verschwörung geschehen, die in Mexiko von den leitenden Persönlichkeiten des Landes innerhalb und außerhalb der Regierungskreise angezettelt worden wäre, mit dem Zwecke, Texas, Arizona, Neu-Mexiko und Kalifornien von den Vereinigten Staaten loszureißen und sie wieder mit Mexiko zu vereinigen, — was würden die Vereinigten Staaten dann getan haben? Angesichts dessen, was sie wirklich getan haben, halte ich mich für berechtigt, zu sagen, sie würden Mexiko von der Landkarte hinweggewischt haben, und falls irgendeine andere Macht auf Erden dazwischen getreten wäre, würden sie diese geheißen haben, sich um ihre eigenen Angelegenheiten zu kümmern und sich nicht einzumischen, andernfalls sie ebenfalls hinweggefegt werden würde.

Die Streitfrage zwischen Österreich-Ungarn und Serbien war sonach eine Streitfrage, bei der die Ehre und die Existenz der österreichisch-ungarischen Monarchie in Frage stand, also eine Frage, bei der nach den bestehenden Regeln und Gebräuchen der Diplomatie keine andere Macht irgendwelches Recht hatte, mitzureden, und die nach eben diesen Regeln und Gebräuchen keinem schiedsrichterlichen Spruche unterworfen war. Überdies hatte die Forderung nur den Zweck eines Strafverfahrens. Es war kein Schritt, bei dem Österreich suchte, sich zu vergrößern oder das Gleichgewicht der Mächte in Europa zu stören. Österreich erklärte feierlich, daß es keinen Fußbreit serbischen Gebietes annektieren wollte, und suchte tatsächlich das Gleichgewicht der Mächte in Europa aufrecht zu erhalten, das durch die Machenschaften der Tripelentente und durch die italienische Expedition nach Tripolis und den jüngsten Krieg der Balkanstaaten gegen die Türkei gestört und aus den Fugen gerissen worden war.

In meinem Besitze befindet sich gegenwärtig die Aussage eines hervorragenden Beamten der englischen Krone, die vom 16. September 1914 datiert ist und folgenden Satz enthält:

„Meine persönliche Ansicht geht dahin, daß Grey die Deutschen gründlich überlistet hat. Er begann das Spiel damit, daß er Italien veranlaßte, Tripolis zu annektieren. Das war praktisch das Ende des Dreibundes, denn jetzt haben wir eine Million Geiseln in Nordafrika, und Italien wagt nicht, sich gegen uns zu rühren. Dann kam der von England und Frankreich finanzierte Balkanbund, und wäre König Ferdinand nicht so eitel gewesen, so hätten wir damals den Krieg gehabt. In den letzten drei Jahren haben England, Frankreich und Rußland unausgesetzt Vorbereitungen für den Kampf getroffen, und Deutschland hat dummerweise die Sache der Feinde vertreten."

Somit waren die Verleitung Italiens aus dem Dreibunde und der Balkankrieg gegen die Türkei, der damit endete, daß die Türkei zurückgedrängt und ihr Gewicht gegen Rußland auf der Balkanhalbinsel geschwächt wurde, die Tatsachen, die seit dem Anfange des Jahres 1914 das

Mächtegleichgewicht in Europa zwischen dem Dreibunde und der Tripelentente so verändert hatten, daß geradezu die Existenz der österreichisch-ungarischen Monarchie bedroht war. Alle Mächte in diesen beiden Mächtegruppen sahen dies vollkommen ein, und Großbritannien besser als irgendeine, und Sir Edward Grey war mehr als irgend sonst jemand wissentlich an der Ausführung beteiligt.

Unmittelbar nach dem Morde von Serajewo, der Österreich-Ungarn klar machte, daß die gegen seine Existenz gerichtete Verschwörung tätig am Werke sei, schlug die Diplomatie Sir Edward Greys einen Weg ein, der vollauf in Einklang mit den früheren Vorgängen stand, auf die ich hingewiesen habe, einen Weg, der bestimmt war, den Krieg herbeizuführen, einen Weg, der den Krieg herbeigeführt hat, und einen Weg, der, falls er nicht dazu bestimmt war den Krieg herbeizuführen, ein Zeichen großer geistiger Beschränktheit seines Erfinders wäre. Ehe die Forderungen Österreich-Ungarns bekannt waren, begann er, den deutschen Botschafter in London und durch den Vertreter Großbritanniens in Berlin den Staatssekretär des deutschen Auswärtigen Amtes über sie zu befragen. Der deutsche Botschafter erklärte, daß er keine Informationen über den Gegenstand habe, aber der englische Geschäftsträger in Berlin telegraphierte an Grey, der deutsche Staatssekretär der auswärtigen Angelegenheiten bestehe darauf, daß die strittige Frage eine solche sei, die zwischen Serbien und Österreich allein ausgetragen werden müsse, und daß von außen her nicht in die Erörterungen zwischen diesen beiden Ländern eingegriffen werden solle; er halte es daher nicht für ratsam, daß die deutsche Regierung in dieser Angelegenheit an die österreichisch-ungarische Regierung herantrete. (Englisches Blaubuch Nr. 2, 22. Juli 1914.)

Das war vom diplomatischen Standpunkte aus durchaus die korrekte Haltung gegenüber dem Gegenstande, und gerade der Umstand, daß Großbritannien und die übrigen Mächte der Tripelentente darauf bestanden, von dieser Haltung abzugehen, brachte den Stein in der falschen Richtung ins Rollen.

Tags darauf hatte Sir Edward Grey eine ziemlich scharfe Auseinandersetzung mit dem österreichisch-ungarischen Botschafter in London, Grafen Mensdorff, in welcher er gegen eine Fristsetzung protestierte, die, wie Graf Mensdorff angedeutet hatte, in den österreichisch-ungarischen Forderungen enthalten sein könnte, und ihm geradezu mit einem russischen Eingreifen drohte. Graf Mensdorff wies zur Rechtfertigung einer Fristsetzung darauf hin, daß Serbien sein verpfändetes Wort, das es vor fünf Jahren gegeben hatte, mit Österreich-Ungarn in freundnachbarlichem Verhältnis zu leben, durchaus mißachtet und seine feindlichen Ziele gegenüber Österreich-Ungarn weiter verfolgt hatte, daß es daher für Österreich-Ungarn eine Notwendigkeit geworden sei, sich schleunigst zu schützen. Ferner wies Graf Mensdorff Sir Edward Grey darauf hin, daß St. Petersburg der Ort sei, an welchem Einhalt geboten werden sollte. (Englisches Blaubuch Nr. 3.)

Am 24. Juli wurde der Inhalt der österreichisch-ungarischen Forderungen an Serbien durch den Grafen Mensdorff Sir Edward Grey mitgeteilt, und dieser erklärte jenem unmittelbar darauf, er habe nie zuvor erlebt, daß ein Staat an einen anderen unabhängigen Staat ein Dokument von so furchtbarem Charakter gerichtet habe. Er bemerkte weiter, daß England in einen Meinungsaustausch mit anderen Mächten eintreten werde. (Nr. 5.)

Am gleichen Tage empfing Sir Edward Grey eine Depesche des englischen Botschafters in St. Petersburg, die eine hochgradige Erregung auf seiten der russischen Regierung kundgab. Es hieß darin: „Russischer Minister sagte, daß Österreichs Verhalten sowohl provozierend als unmoralisch sei; Österreich hätte niemals einen solchen Schritt unternommen, ohne zuvor Deutschland zu befragen; einige seiner Forderungen seien völlig unannehmbar. Er hoffe, die Regierung Seiner britischen Majestät werde nicht unterlassen, ihre Solidarität mit Rußland und Frankreich zu erklären.“ Der Botschafter sagte weiter, daß seiner Meinung nach Rußland und Frankreich bereits beschlossen hätten, zwischen Österreich-Ungarn und Serbien zu intervenieren, und daß der russische Minister des Auswärtigen ihn davon in Kenntnis gesetzt habe, daß er glaube, die russische Mobilmachung würde ausgeführt werden müssen. (Nr. 6, 24. Juli.)

Hier bot sich nun für einen friedliebenden englischen Minister des Auswärtigen, wenn er aufrichtig friedliebend und kein Heuchler war, die große Gelegenheit, die schönste Arbeit seines Lebens zu leisten. Was würde ein solcher englischer Minister des Auswärtigen auf das erregte Ansuchen Rußlands, in dieser österreichisch-ungarisch-serbischen Streitfrage zu intervenieren, geantwortet haben? Ich meine, er würde gesagt haben:

„Das ist eine innere Frage zwischen Österreich-Ungarn und Serbien, eine Frage, bei der wir kein Recht haben, einzugreifen, und von der wir die Hände lassen müssen. Überdies ist es eine Frage, bei der die Ehre und die Existenz der österreichisch-ungarischen Monarchie in Frage kommen, und daher eine Frage, die nach den Regeln der Diplomatie nicht vor ein Schiedsgericht gehört, und wir dürfen kein Schiedsgericht verlangen oder vorschlagen. Wir können allerdings der Meinung sein, daß die an Serbien gerichteten Forderungen peremptorisch sind, aber wir müssen bedenken, daß ruchlose Mordtaten begangen worden sind, nämlich der Mord an dem Erben des österreichisch-ungarischen Thrones und an seiner Gemahlin, und daß Österreich-Ungarn behauptet, diese Tat sei unter der Mitwirkung serbischer Offiziere und Beamten in der Ausführung eines in Belgrad geschmiedeten Komplotts vollbracht worden, eines Komplotts zur Zerstörung der österreichisch-ungarischen Monarchie.

Wir müssen weiter bedenken, daß Serbien ein ruheloses, unruhiges Gemeinwesen ist, ein Gemeinwesen, in welchem vor nur zehn Jahren hohe Offiziere und Beamte, die Führer einer in Serbien noch heute mächtigen Partei, leichtfertig ihren eigenen König und ihre eigene Königin ermordeten und deren Leichen aus dem Fenster warfen, wo sie vom Pöbel mit Füßen getreten und bespien wurden, ein Gemeinwesen, das seit langem der Brandherd in Südosteuropa gewesen ist, wohingegen Österreich-Ungarn ein großer, hochzivilisierter Staat ist, der der Kultur und Zivilisation Europas unschätzbare Dienste geleistet hat, unter vielen anderen Dingen dadurch, daß er die Magyaren seßhaft gemacht hat, daß er Europa gegen den Einfall der Türken verteidigt, und daß er Slawen, Magyaren und Deutsche während der letzten fünfzig Jahre in den Grenzen eines friedlichen Reiches zusammengehalten hat.

Wir müssen uns gegenüber Österreich-Ungarn, das während der letzten paar Jahre große Nachsicht gegen Serbien an den Tag gelegt hat, auf sein Wort verlassen, daß es nur in gerechtem Maße Genugtuung für die gegen es verübten Verbrechen erzwingen wird. Sollte es sich späterhin herausstellen, daß es darüber hinausgehen und in die allgemeinen europäischen Interessen eingreifen wird, so wird dann für uns die Zeit zum Einschreiten gekommen sein; vorher würde dies von unserer Seite aus unmoralisch und provokatorisch sein."

Finden wir nun irgendeine derartige Äußerung von seiten Sir Edward Greys in den Nummern des englischen

Blaubuches? Ich kann nichts entdecken; aber statt dessen finden wir gerade das, was nach meinem Dafürhalten ein sehr kluger Diplomat tun würde, der einen Vernichtungskrieg gegen das Deutsche Reich und die österreichisch-ungarische Monarchie herbeizuführen wünschte und zugleich die Verantwortung dafür auf die Schultern seiner Opfer abwälzen möchte. Wie würden nun im einzelnen die Pläne eines Ministers des Auswärtigen sein, der einen solchen Zweck im Auge hätte? Würden sie nicht folgendermaßen aussehen?

1. Für seine eigene Regierung die korrekte diplomatische Haltung anzunehmen, sich nicht in den Streit zwischen Österreich-Ungarn und Serbien einzumischen, gleichzeitig aber Serbien dadurch zum Widerstande gegen die österreichisch-ungarischen Forderungen zu ermutigen, daß er sie für übermäßig und peremptorisch erklärte.

2. Irgendeine andere Macht, im vorliegenden Falle Rußland, zum Eingreifen zwischen die Streitenden durch die Darstellung zu ermutigen, daß Rußland irgendwelche besonderen berechtigten Interessen an der Intervention, irgendwelches besondere Recht zum Einschreiten habe.

3. Ein Schiedsgericht zur Entscheidung der Streitfrage zwischen Rußland und Österreich-Ungarn vorzuschlagen, die durch das Eingreifen Rußlands in den Streit zwischen Österreich-Ungarn und Serbien entstände.

4. Deutschland als verantwortlich für den Mißerfolg hinzustellen, ein Schiedsgericht für die Frage zwischen Ruß-

land und Österreich-Ungarn zustande zu bringen, ohne dabei zu erklären, daß es sich in Wirklichkeit um eine schiedsgerichtliche Behandlung des Streites zwischen Österreich-Ungarn und Serbien handelte.

5. Nichts zu unternehmen, um die russische Mobilmachung hintanzuhalten.

6. Frankreich zur Unterstützung Rußlands zu ermutigen.

7. Sich zu weigern, auf Grund irgendwelcher Bedingungen mit Deutschland zu einer Verständigung zu gelangen.

8. Im letzten Augenblick einen Grund, scheinbar einen selbstlosen Grund, zu finden, um selbst in den großen Kampf einzugreifen.

Wir wollen nun auf Grund des in dem englischen Blaubuch enthaltenen Materiales sehen, ob dies nicht genau der Weg gewesen ist, den der englische Minister des Auswärtigen eingeschlagen hat.

(Erstens): Hat er Serbien ermutigt, den Forderungen Österreich-Ungarns Widerstand entgegenzusetzen?

Am 24. Juli sagte er dem österreichisch-ungarischen Botschafter in London, er habe nie zuvor erlebt, daß ein Staat an einen anderen unabhängigen Staat ein Dokument von so furchtbarem Charakter gerichtet habe. Damit kritisierte er insbesondere die seitens Österreich-Ungarns erhobene Forderung, daß es österreichisch-ungarischen Vertretern gestattet sein solle, mit serbischen Beamten zusammen an der Untersuchung über die Teilnahme serbischer Beamter und Untertanen an dem Morde von Serajewo sowie weiter an der Unterdrückung der gegen die Integrität der österreichisch-ungarischen Monarchie gerichteten Bewegung mitzuwirken. Gleichzeitig stellte er jedes Interesse seiner Regierung an den zwischen Österreich-Ungarn und Serbien schwebenden Streitpunkten in Abrede. – (Englisches Blaubuch Nr. 5.)

Am gleichen Tage telegraphierte er an den englischen Geschäftsträger in Belgrad, daß Serbien Österreich-Ungarn vollste Genugtuung geben müsse, falls es sich erweisen sollte, daß serbische Offiziere und Beamte irgendwie an dem Mord von Serajewo beteiligt wären, daß Serbien sicherlich seine Teilnahme und sein Bedauern ausdrücken müsse; daß im übrigen jedoch die serbische Regierung auf die Forderungen Österreich-Ungarns so antworten müsse, wie sie es für die serbischen Interessen am besten erachte.[1]) (Nr. 12.) Der Geschäftsträger wurde ermächtigt, dies nach Beratung mit seinem französischen und russischen Kollegen in Belgrad der serbischen Regierung zu wiederholen. Daß die serbische Regierung die Stellungnahme der englischen Regierung als für Serbien zum Widerstande gegen die österreichisch-ungarischen Forderungen ermutigend begriff, geht deutlich aus dem Telegramm hervor, das der englische Geschäftsträger in Bel-

---

[1]) Sperrdruck vom Verfasser.

grad nach der Antwort der serbischen Regierung auf die österreichisch-ungarische Note an Sir Edward Grey absandte. Dieses Telegramm lautet: „Der Ministerpräsident ersucht mich, Ihnen seine tiefe Dankbarkeit für die Mitteilung auszudrücken, die Sie am 27. ds. im Unterhause gemacht haben." – (Nr. 83.)

(Zweitens): Hat Sir Edward Grey Rußland zum Eingreifen in den Streit zwischen Österreich-Ungarn und Serbien ermutigt?

Am 24. Juli setzte er den englischen Botschafter in Paris davon in Kenntnis, daß falls Rußland die österreichisch-ungarischen Forderungen an Serbien so ansähe, wie seiner Ansicht nach jede an Serbien interessierte Macht es tun müsse, er machtlos sei, irgendetwas gegen Rußland zu unternehmen. (Nr. 10). Natürlich wurde diese Mitteilung sogleich an die französische Regierung und von der französischen Regierung an die russische Regierung weitergegeben.

Am 25. Juli telegraphierte er an den englischen Botschafter in St. Petersburg, der peremptorische Charakter der österreichisch-ungarischen Note an Serbien mache eine baldige Mobilisierung Rußlands und Österreich-Ungarns gegeneinander fast unvermeidlich. (Nr. 24.)

Am 25. Juli instruierte er den englischen Botschafter in Wien, die Schritte des russischen Botschafters in Wien dadurch zu unterstützen, daß er von der österreichisch-ungarischen Regierung eine Verlängerung der durch die österreichische Note für die Antwort Serbiens gesetzten Frist und die Mitteilung der Grundlagen verlange, auf welchen die österreichische Note beruhe. (Nr. 26). Hier lag nicht nur eine Ermutigung Rußlands zur Einmischung in den Streit zwischen Österreich-Ungarn und Serbien vor, sondern auch eine Teilnahme an dieser Einmischung, und zwar noch dazu nach der Ablehnung jeglichen Interesses seitens seiner Regierung an den Streitpunkten, wie sie in Nr. 5 enthalten war.

Am 27. Juli telegraphierte er an den englischen Botschafter in St. Petersburg, daß Deutschland und Österreich-Ungarn aus der Konzentrierung der englischen Flotte erkennen müßten, daß Großbritannien sich nicht abseits halten könne. (Nr. 47.)

(Drittens): Hat Sir Edward Grey eine Vermittelung in dem durch das Eingreifen Rußlands in den Streit zwischen Österreich-Ungarn und Serbien entstandenen Streit zwischen Rußland und Österreich-Ungarn vorgeschlagen?

Am 25. Juli telegraphierte er an den englischen Geschäftsträger in Berlin, er habe dem deutschen Botschafter in London gesagt, daß anscheinend die russische und die österreichisch-ungarische Mobilmachung alsbald erfolgen würden, und daß er eine Vermittelung zwischen beiden Staaten seitens Englands, Frankreichs, Deutschlands und Italiens angeregt habe. (Nr. 25.)

Am 26. Juli telegraphierte er an den englischen Botschafter in Paris seinen Vorschlag für eine Vermittelung in so allgemeinen und umfassenden Ausdrücken, daß, als dieser Vorschlag dem englischen Botschafter in Wien wiederholt und von diesem dem russischen und dem französischen Botschafter daselbst mitgeteilt wurde, diese Herren äußerten, daß sie zwar Genugtuung über den Vorschlag empfänden, *daß sie aber bezweifelten, ob der Grundsatz, daß Rußland eine interessierte Partei sei, die bei der Beilegung einer rein österreichisch-serbischen Frage ein Wort mitzusprechen habe, von der österreichisch-ungarischen oder der deutschen Regierung anerkannt werden würde.* (Nr. 36 und 40.)

Am 27. Juli informierte er den englischen Botschafter in Berlin, er habe dem deutschen Botschafter in London gesagt, die serbische Antwort sei weiter gegangen, als man habe erwarten können, und die deutsche Regierung solle in Wien einen Druck zur Mäßigung ausüben. (Nr. 46.)

Sein Vorschlag ging zu diesem Zeitpunkte dahin, die deutsche Regierung solle auf die österreichisch-ungarische Regierung einen Druck in dem Sinne ausüben, daß diese die serbische Note, welche die entscheidenden Forderungen der österreichisch-ungarischen Regierung ablehnte, zur Grundlage einer Erörterung mache. Die deutsche Regierung empfand hierbei große Verlegenheit in dem Gefühle, daß ein solcher Schritt die österreichisch-ungarische Regierung peinlich berühren dürfte, gab aber dem englischen Ansuchen Folge.

Daß diese Voraussicht der deutschen Regierung richtig war, erhellte sogleich aus der Antwort der österreichisch-ungarischen Regierung auf den Vorschlag, die sagte, es sei hierfür zu spät, sowie aus der Kriegserklärung Österreich-Ungarns an Serbien (Nr. 75). Die deutsche Regierung handelte vom diplomatischen Standpunkte aus offenbar korrekt in ihrem Wunsche, die österreichisch-ungarisch-serbische Streitigkeit als eine nur diese beiden Staaten angehende Angelegenheit zu behandeln, und sie war, als sie den Überredungskünsten Sir Edward Greys zu einem Einschreiten dort nachgab, wo weder sie noch irgendeine andere Regierung irgendein Recht zum Einschreiten hatte, gefährlich nahe daran, von ihrem eigenen Bundesgenossen eine Zurückweisung zu erfahren.

Die deutsche Regierung befand sich jetzt in einer höchst peinlichen Lage. Sie besaß auf die Handlungen Österreich-Ungarns keinen so großen Einfluß, wie ihr die allwissenden Zeitungsschreiber zuschrieben. Österreich-Ungarn ist der stolzeste Staat auf dem europäischen Festlande und einer der ältesten. Sein Kaiser- und Königshaus trug 500 Jahre lang die Krone Karls des Großen, und in seinen Augen ist das Deutsche Reich ein Neuling. Seine Diplomaten gehören zu den geschicktesten und vollendetsten Staatsmännern Europas. Sie waren natürlich mit Recht gekränkt durch Rußlands Anmaßung, Österreich-Ungarn zu untersagen, sich für seine Klagen gegen Serbien die Genugtuung zu verschaffen, die es für seine Ehre und seine Sicherheit als erforderlich erachtete. Natürlich wußten sie, daß England ein doppeltes Spiel trieb, indem es vorgab, die korrekte Haltung zu beobachten und seinerseits nicht einzugreifen, und gleichzeitig Serbien zum Widerstande und Rußland zum Eingreifen ermutigte. Sie empfanden natürlich auch, daß ihr Bundesgenosse Deutschland weder England noch Rußland, noch beiden, nachgeben und einem Abgehen von der korrekten und diplomatischen Handlungsweise keinen Vorschub leisten dürfe.

Sasonow und Grey wußten dies auch. Statt aber die Verlegenheit der deutschen Regierung gebührend zu berücksichtigen, schickten sie sich an, Deutschland zum Sündenbock für ihre Tätigkeit zu machen, die darin bestand, mit Hilfe dieser Ereignisse die Entente zu einem Militärbündnisse zu gestalten. Sie kümmerten sich nicht nur keineswegs um die Schwierigkeiten, die sie Deutschland durch die Erklärung bereiteten, Deutschlands Einfluß auf Österreich-Ungarn bilde den Schlüssel zur Lage, sondern sie gewannen noch dadurch weiter an Boden, daß sie auf Schritt und Tritt diese Schwierigkeiten vermehrten, um, wenn möglich, Österreich-Ungarn Deutschland zu entfremden. Daß die englische Regierung diese Schwierigkeiten deutlich erkannte, läßt sich mit Sicherheit aus der Depesche schließen, die Sir Edward Grey am 29. Juli von dem englischen Botschafter in Berlin empfing. Diese lautet:

„Ich fand den Staatssekretär heute sehr niedergeschlagen. Er erinnerte mich daran, daß er mir neulich gesagt habe, er müsse bei der Erteilung eines Ratschlages an Österreich sehr vorsichtig sein, da der Gedanke, es werde gedrängt, Österreich veranlassen könne, die Dinge zu überstürzen und ein fait accompli zu liefern. Das wäre nunmehr tatsächlich geschehen, und er sei nicht sicher, ob nicht seine Mitteilung Ihrer Anregung, nach welcher die Antwort Serbiens eine Grundlage für Erörterungen biete, die Kriegserklärung beschleunigt habe. (Nr. 76.)

(Viertens): Hat Sir Edward Grey versucht, den Anschein zu erwecken, daß Deutschland für den Mißerfolg des Versuches verantwortlich sei, eine schiedsrichterliche Entscheidung der Frage zwischen Rußland und Österreich-Ungarn herbeizuführen, ohne dabei zu erklären, daß dies in Wirklichkeit eine schiedsrichterliche Behandlung der auf dem Wege des Schiedsgerichtes nicht zu behandelnden Streitfrage zwischen Österreich-Ungarn und Serbien wäre?

Am 29. Juli telegraphierte er an den englischen Botschafter in Rom, er sei den deutschen Einwänden gegen eine Vermittelung durch die Mächte dadurch zuvorgekommen, daß er die deutsche Regierung gebeten habe, irgendeine Form vorzuschlagen, in der sie zur Anwendung kommen könne. (Nr. 92.) Er behauptete, die deutsche Regierung habe den Vorschlag eines solchen Eingreifens der Mächte im Prinzip angenommen, obschon die deutsche Regierung schwere Bedenken gegen das Einschreiten der Mächte in einer solchen Angelegenheit geäußert und einen direkten Meinungsaustausch zwischen Rußland und Österreich-Ungarn als das richtige Verfahren zum Austrag der Streitsache vorgeschlagen hatte. (Nr. 43.)

Die Schwierigkeit bestand darin, daß die deutsche Regierung den Vorschlag Sir Edward Greys zu einer Vermittelung praktisch als ein Schiedsgericht ansah und von Anfang an daran festhielt, daß der Streit zwischen Rußland und Österreich-Ungarn der Sache nach der Streit zwischen Österreich-Ungarn und Serbien und keinem Schiedsgericht unterworfen sei. Während Sir Edward Grey versuchte, der von ihm vorgeschlagenen Vermittelung eine andere Bedeutung zu geben, machte er doch keinen Unterschied zwischen Fragen, die mit Recht einer solchen Vermittelung unterworfen werden könnten, und solchen, bei denen dies nicht der Fall war, und das war gerade der Grund zur Verlegenheit für die deutsche Regierung. Man kann sich jedoch, wie er wohl wußte, darauf verlassen, daß die Welt die Dinge flüchtiger betrachten und einen Einwand gegen eine Vermittelung als den Wunsch zum Kriege auffassen würde. Das englische Blaubuch fördert offenbar diese Auffassung. (Nr. 84.)

(Fünftens): Hat Sir Edward Grey irgendetwas getan, um die Mobilmachung Rußlands hintanzuhalten?

Am 29. Juli empfing er durch den englischen Botschafter in Berlin die offizielle Mitteilung, daß Rußland seine Streitkräfte gegen Österreich-Ungarn mobil mache.

(Nr. 76.) Ebenso durch den russischen Botschafter in London. (Nr. 70.) Am gleichen Tage gab er dem deutschen Botschafter in London zu verstehen, daß England nicht versuchen würde, irgendeinen Einfluß auf Rußland auszuüben, dahingehend, daß dieses sich von dem Streite zwischen Österreich-Ungarn und Serbien fernhalten möge und diese beiden Staaten den Streit selbst zum Austrag bringen lasse. (Nr. 90.) Gleichzeitig gab er dem österreichischen Botschafter in London zu wissen, er sei der Ansicht, daß Rußland ein besonderes Interesse in Serbien habe. (Nr. 91.)

Am 31. Juli empfing er von den englischen Botschaftern in Berlin und in St. Petersburg die Mitteilung, daß Rußland an der deutschen Grenze mobil mache, in demselben Augenblicke, da der Kaiser auf die Bitte des Zaren hin eine Verständigung zwischen Rußland und Österreich-Ungarn herbeizuführen versuchte. (Nr. 108 und Nr. 113.) Und an demselben Tage instruierte er den englischen Botschafter in St. Petersburg dahin, daß der deutsche Botschafter in London ihn gebeten habe, „Rußland zu drängen, bei den Verhandlungen guten Willen zu zeigen und seine militärischen Vorbereitungen zu unterbrechen", und daß er dem Botschafter gesagt habe, „er sehe nicht, wie man Rußland drängen könne, diese Vorbereitungen zu unterbrechen, sofern nicht Österreich dem Vordringen seiner Truppen in Serbien eine Grenze setze". (Nr. 110.) Am gleichen Tage empfing er den Dank des russischen Ministers der Auswärtigen Angelegenheiten für seine Haltung. (Nr. 120.)

(Sechstens): Hat Sir Edward Grey Frankreich ermutigt, Rußland zu unterstützen?

Am 29. Juli benachrichtigte er den englischen Botschafter in Paris, er habe dem französischen Botschafter in London, Cambon, gesagt, so lange die Frage eine Frage zwischen Rußland und Österreich-Ungarn sei, fühle sich England nicht berufen, sich einzumischen; sollte aber Deutschland in die Sache verwickelt werden, und Frankreich verwickelt werden, so würde England ein Eingreifen zu erwägen haben. Darauf habe der französische Botschafter gesagt, diese Erklärungen seien befriedigend, denn für den Fall, daß Deutschland Rußland angreifen sollte, sei Frankreich verpflichtet, Rußland zu helfen. (Nr. 87.) Diese Männer wußten natürlich beide, daß für den Fall, daß Rußland Österreich-Ungarn angreifen würde, Deutschland nach den Bestimmungen des Dreibundvertrages verpflichtet sei, Österreich-Ungarn zu Hilfe zu kommen. Dies würde vernunftgemäß kein Angriff von seiten Deutschlands gegen Rußland sein, aber Frankreich war entschlossen, es als solchen anzusehen. Tatsächlich hatten Grey und Cambon zwei Jahre zuvor eine solche Situation vorgesehen. (Nr. 105.)

Sir Edward Grey benachrichtigte in dieser Depesche den englischen Botschafter in Paris ferner davon, daß er dem deutschen Botschafter in London mitgeteilt habe, Deutschland dürfe nicht auf die Neutralität Englands rechnen. Er wies ferner auf die Tatsache hin, daß sich die englische Flotte, die kurz zuvor, scheinbar zum Zwecke einer Flottenschau, im Kanal konzentriert worden war, nicht zerstreut habe, mit anderen Worten, daß die englische Flotte mobil gemacht sei. Alle diese Mitteilungen waren natürlich für die französische Regierung bestimmt und konnten nicht verfehlen, Frankreich die Gewißheit zu geben, daß für den Fall, daß Frankreich in einem Kriege zwischen Rußland und Deutschland zwecks Unterstützung Rußlands zu den Waffen greifen sollte, England zwecks Unterstützung Frankreichs zu den Waffen greifen würde.

Daher antwortete Frankreich, als es von Deutschland befragt wurde, ob es in einem Kriege zwischen Rußland und Deutschland neutral bleiben würde, es würde seinen eigenen Interessen gemäß handeln.

Am 2. August empfing Sir Edward Grey von dem englischen Botschafter in Berlin die Nachricht, er habe soeben von dem deutschen Staatssekretär des Auswärtigen die Mitteilung erhalten, daß infolge der Tatsache, daß russische Truppen die deutsche Grenze überschritten hätten, Deutschland und Rußland sich miteinander im Kriegszustande befänden. (Nr. 144.) Und am gleichen Tage händigte Sir Edward Grey dem französischen Botschafter in London ein Memorandum ein, welches lautete: „Ich bin ermächtigt, die Versicherung abzugeben, daß, falls die deutsche Flotte in den Kanal oder durch die Nordsee kommen sollte, um feindliche Operationen gegen die französische Küste oder die französische Schiffahrt zu unternehmen, die englische Flotte jeden in ihrer Macht stehenden Schutz gewähren wird.“ (Nr. 148.) Nunmehr waren für England alle Vorbereitungen getroffen, um sich mit Frankreich und Rußland zu vereinen, und die letzte Aufgabe bestand für Sir Edward Grey darin, einen Grund zu finden, um diese Vereinigung herbeizuführen.

(Siebentens): Hat Sir Edward Grey jede Verständigung mit Deutschland zurückgewiesen und schließlich die Teilnahme Englands am Kriege unter einem erheuchelten Vorwande herbeigeführt?

Was diesen Vorwand abgeben sollte, wird zuerst in dem Blaubuch angedeutet. (Nr. 101 vom 30. Juli.) Es ist eine Depesche, die Sir Edward Grey an den englischen Botschafter in Berlin gesandt hat, natürlich zum Zwecke der Mitteilung an die deutsche Regierung. Der Ton dieser Depesche ist von der für gewöhnlich so ruhigen Art dieses Herrn gänzlich verschieden. Er ist erregt, überspannt und vorwurfsvoll. Es ist der Ton eines Menschen, der sich der Schwäche seiner Stellung bewußt ist und sie dadurch zu stärken sucht, daß er irgendeinen scheinbar wunden Punkt in der Stellung des Gegners aufbauscht, in der Absicht, seinen Gegner in eine schiefe Lage zu bringen.

In dieser Depesche erhebt er geradezu gegen den deutschen Reichskanzler die Anklage, versucht zu haben, mit England einen Handel zu schließen, nach welchem England neutral bleiben solle, während Deutschland die Neutralität

Belgiens verletzen würde. Diese Depesche war die Antwort auf eine andere, die er tags zuvor von seinem Botschafter in Berlin empfangen hatte mit der Nachricht, daß der deutsche Reichskanzler den dringenden Wunsch hege, mit England freundschaftliche Beziehungen aufrecht zu erhalten, und bereit sei, falls England neutral bleiben wolle, im Falle des Krieges zwischen Deutschland und Frankreich Deutschlands Wort dafür zu verpfänden, keinerlei französisches Gebiet in Europa zu nehmen. Das Einzige, was der Reichskanzler über die Neutralität Belgiens gesagt hatte, war, daß es von den Handlungen Frankreichs abhängen würde, zu welchen Operationen Deutschland in Belgien gezwungen werden würde.

Als der Reichskanzler diese erregte Mitteilung Sir Edward Greys empfing, war er mit der drohenden Stellung Rußlands an der Ostgrenze beschäftigt und bat daher den englischen Botschafter nur, ihm die Botschaft zwecks Überlegung zurückzulassen, ehe er sie beantworte. (Nr. 109.)

Nunmehr richtete Sir Edward Grey sowohl an die deutsche als auch an die französische Regierung die Frage, ob sie bereit seien, die Versicherung abzugeben, die Neutralität Belgiens zu achten. (Nr. 115.) Man muß annehmen, daß Sir Edward Grey die Neutralität Belgiens meinte, wie sie durch den Vertrag von 1839 garantiert worden war. Dieser Vertrag war von England, Frankreich, Österreich, Rußland und Preußen unterzeichnet worden. Er war niemals von dem gegenwärtigen Deutschen Reiche unterzeichnet oder ratifiziert worden. Hat das Deutsche Reich, das zweiunddreißig Jahre nach der Unterzeichnung dieses Vertrages entstanden ist und sich außer aus Preußen noch aus vierundzwanzig andern Staaten zusammensetzt, die Verpflichtungen Preußens geerbt? Wenn ja, hatte Belgien selbst vor dem 1. August 1914 irgendeine Handlung unternommen oder irgendeiner Handlung zugestimmt, die von seiten der Garanten als ungleiche Behandlung aufgefaßt werden konnte und dadurch den angeblichen Garanten von seinen Verpflichtungen entband? Ich will es nicht wagen, diese Fragen zu beantworten, obschon ich weiß, daß die deutsche Regierung ein solches Vorgehen Belgiens behauptet. (Nr. 122.) Ich stelle diese Fragen nur, um zu zeigen, daß Deutschland und Frankreich dieser Frage, die ihnen von England vorgelegt wurde, nicht in gleicher Weise gegenüberstanden.

Ferner konnte England gegenüber Frankreich nur neutral oder ein Bundesgenosse sein. Deutschland gegenüber konnte dagegen England nur neutral oder ein Feind sein. Die französische Regierung konnte daher sofort und in bejahendem Sinne antworten, ohne ihre eigenen Interessen zu gefährden. Die deutsche Regierung hingegen empfand die Verpflichtung, sich der Neutralität Englands zu versichern, bevor sie irgendwelche Bürgschaften hinsichtlich Belgiens gab.

Am 1. August fragte der deutsche Botschafter in London Sir Edward Grey, ob sich England für den Fall, daß

Deutschland verspräche, nicht in Belgien einzurücken, verpflichten wolle, neutral zu bleiben, und Sir Edward Grey antwortete, das könne er nicht sagen. Der Botschafter drängte dann Sir Edward Grey, Bedingungen zu formulieren, unter denen England neutral bleiben wolle, und gab die Bereitwilligkeit Deutschlands zu erkennen, unter der Bedingung der Neutralität Englands sogar die Integrität Frankreichs und der französischen Kolonien zu garantieren. Sir Edward Grey weigerte sich, unter irgendwelchen Bedingungen Neutralität zu versprechen, selbst unter von ihm selbst zu stellenden, und erklärte, daß diese Weigerung endgültig sei. (Nr. 123.)

Das Deutsche Reich schlug hiermit im Prinzip das gleiche Abkommen hinsichtlich Belgiens vor, wie es im Jahre 1870 England und der Norddeutsche Bund und England und Frankreich getroffen hatten, nämlich, daß England in einem Kriege zwischen Deutschland und Frankreich neutral bleiben und mit Deutschland zusammen Belgien gegen eine Invasion seitens Frankreichs und mit Frankreich zusammen Belgien gegen eine Invasion seitens Deutschlands sichern solle, und England wies diesen Vorschlag zurück. Damit gab England Deutschland zu verstehen, daß es beschlossen habe, in dem bevorstehenden Kriege für Deutschland ein kriegführender Feind zu werden, und sich unter keinen von Deutschland vorgeschlagenen oder von ihm selbst formulierten Bedingungen bereit finden wolle, neutral zu bleiben.

Tags darauf, am 2. August, gab Sir Edward Grey, wie wir gesehen haben, ohne die endgültige Antwort der deutschen Regierung auf seine Forderung abzuwarten, daß Deutschland ohne Rücksicht auf die Haltung Englands versprechen solle, nicht in Belgien einzurücken, Frankreich die Zusicherung, daß England sich an dem drohenden Konflikt als Bundesgenosse Frankreichs beteiligen würde. (Nr.148.) Damit war Deutschland endgültig vor die Tatsache gestellt, daß die drei Großmächte, welche die Hälfte der Bodenfläche und der Bevölkerung der Erde beherrschen, entschlossen waren, es zu bekriegen, und daß für es die einzige Chance darin bestand, rasch und kräftig zuzuschlagen, und zwar dort, wo die Gefahr am unmittelbarsten war.

So lese ich das englische Blaubuch. So lesen es einhundertundfünfzig Millionen der europäischen Bevölkerung, nicht nur Deutsche und Österreicher, sondern auch Schweizer, Dänen, Skandinavier und einige Engländer, und so lesen es fünfundzwanzig Millionen der Bevölkerung in unserm Lande. So wird es, wie ich glaube, jeder vorurteilsfreie Historiker und Diplomat nach fünfundzwanzig Jahren lesen. Und aus ihm geht von zwei Möglichkeiten eine hervor, nämlich entweder, daß Sir Edward Grey bewußterweise beabsichtigte, diesen Krieg zu diesem Zeitpunkte herbeizuführen, von dem Augenblicke an, da er Serbien ermutigte, Österreich-Ungarn Widerstand zu leisten, und Rußland ermutigte, ein Protektorat über Serbien in Anspruch zu nehmen, — oder aber daß er ein Dummkopf ist, und ein unbewußtes Werkzeug in den Händen des russischen Ministers der auswärtigen Angelegenheiten, Sasonow, war.

Ich möchte lieber das letztere annehmen. Dem steht aber seine Kriegsrede im Parlament vom 3. August entgegen. Man muß sich gegenwärtig halten, daß zu der Zeit, da diese Rede gehalten wurde, die Telegramme und Depeschen, die in dem später veröffentlichten englischen Blaubuch enthalten sind, und die ich hier angeführt habe, nur dem englischen Kabinett bekannt waren. Das Parlament und das englische Volk erhielten erst mehrere Tage später von ihnen Kenntnis.

In dieser Kriegsrede unterdrückte Sir Edward Grey die in Nr. 123 des englischen Blaubuchs und in dem Telegramm des Kaisers an König Georg vom 1. August enthaltenen Vorschläge, in denen Deutschland so weit ging, daß es geradezu anbot, sich einverstanden zu erklären, nicht mit Frankreich Krieg zu führen, unter der einzigen Voraussetzung, daß England neutral bleiben und dafür garantieren würde, daß Frankreich dasselbe täte; oder aber, für den Fall, daß England Frankreich nicht würde zurückhalten können, nicht in Belgien einzurücken, und keinerlei europäisches oder koloniales Gebiet Frankreichs zu erobern, unter der einzigen Voraussetzung, daß England seinerseits neutral bleiben würde.

Die Tatsache, daß Sir Edward Grey diesen höchst verwerflichen Schritt getan und im kritischsten Augenblick das Parlament und das Volk unter dem Eindruck gelassen hat, die deutsche Regierung habe auf die englischen Forderungen hinsichtlich der belgischen Neutralität keine Antwort erteilt, zeigt, daß er die Rolle eines Kriegsschürers spielte, und nicht die eines Friedensstifters. Der Krieg war zwischen Rußland und Deutschland bereits eine bestehende Tatsache, und Sir Edward Grey scheint entschlossen gewesen zu sein, Deutschland nicht der tötlichen Gefahr eines gleichzeitigen Krieges an seiner West- und an seiner Ostgrenze entrinnen zu lassen. Mit anderen Worten, er hat anscheinend mit Vorbedacht diese vielverheißende Gelegenheit ergriffen, Deutschland zu zwingen, seine Streitfragen mit den verschiedenen europäischen Staaten alle zugleich und gegen die vereinte Macht aller zu lösen.

Selbst Engländer bezweifeln, daß das englische Kabinett Parlament und Volk dazu hätte bringen können, seine Kriegspolitik zu billigen, hätte nicht der Minister des Auswärtigen in jener Rede vom 3. August diese Täuschung begangen. Drei Mitglieder des Kabinetts, die ehrenwertesten und aufrichtigst patriotischen Männer in ihm, Morley, Burns und Trevelyan, traten lieber aus dem Kabinett aus, als daß sie sich an dieser Politik beteiligten. Das Parlamentsmitglied J. Ramsey Mac Donald klagte Sir Edward Grey in schonungslosen Worten wegen seiner Unaufrichtigkeit an. Arthur Ponsonby stellte in einem Aufsatze in der „London Nation" offen die Frage: „Hat der Premierminister bei Erwähnung dessen, was er den ehrlosen Vorschlag nannte, auf das später gestellte Ansuchen des deutschen Botschafters aufmerksam gemacht, wir sollten die Bedingungen formulieren, unter denen wir neutral bleiben wollten?" und er beantwortete diese Frage mit „Nein!" Und C. H. Norman erklärte, daß „Sir Edward Grey dem Unterhause eine Schlinge gelegt habe, aus der sich bei dem erregten Zustande der öffentlichen Meinung das Haus nicht mit Ehren und Würden zu ziehen vermochte."

Ferner erklärte Sir Edward Grey in eben dieser Rede vom 3. August, daß die englische Flotte bereits mobilisiert sei und das Heer mobil mache, daß die Streitkräfte der Krone bereit seien, und daß es nach der Ansicht des Premierministers und des ersten Lords der Admiralität niemals eine Zeit gegeben habe, da diese Kräfte sich auf einem höheren Grade der Bereitschaft und der Leistungsfähigkeit befunden hätten, als in jenem Augenblicke. Mit Bedauern bin ich gezwungen, zu sagen, daß nach meinem Dafürhalten Sir Edward Grey durch seine eigenen Äußerungen sich selbst überführt, mit Wissen einen Weg verfolgt zu haben, der geradeswegs zum Weltkriege führte.

Wir wollen uns nunmehr den Ursachen des Krieges zuwenden und untersuchen, ob sie nicht diese Auslegung des englischen Blaubuches stützen.

Kapitel II.

Die unmittelbaren Ursachen des Krieges.

Um die unmittelbaren Ursachen des Krieges richtig und vollauf zu verstehen, müssen wir mindestens bis auf die Bildung des gegenwärtigen Deutschen Reiches zurückgehen. Nachdem im Jahre 1866 durch den Austritt oder Ausschluß Österreichs der deutsche Bund zerfallen war, wurde das französische Kaiserreich der führende Staat auf dem europäischen Festlande, wenigstens in dem westlich von Rußland gelegenen Teile.

Nach den wohlgegründeten Grundsätzen der englischen Diplomatie war danach Frankreich der Staat, dem die Flügel gestutzt werden müßten, und die Aufgabe für England war, hierfür einen Handlanger zu finden. Das war nicht schwierig. Die Bildung des Norddeutschen Bundes von 1867, der alle deutschen Staaten nördlich des Mains umfaßte, und des deutschen Zollvereins, der sämtliche Mitglieder des alten deutschen Bundes außer Österreich umfaßte, weckte die Befürchtung Frankreichs für seine Führerschaft auf dem europäischen Festlande.

Frankreich suchte im Jahre 1870 eine Gelegenheit zum Kriege mit dem Norddeutschen Bunde und fand eine solche in der spanischen Frage. Wir dürfen uns indessen nicht in dem Gedanken täuschen, daß diese Frage die Ursache des französisch-preußischen Krieges von 1870–71 war. Die Ursache jenes Krieges war der Entschluß Frankreichs, den Norddeutschen Bund sich nicht zu dem jetzigen Deutschen Reiche auswachsen zu lassen. Die spanische Frage bildete nur den Vorwand.

Welche Haltung würden nun die übrigen europäischen Mächte gegenüber diesem Konflikt einnehmen? Rußland hatte Frankreich die Niederlage im Krimkriege von 1853 bis 1856 nicht verziehen. Es blieb deshalb neutral. Italien betrauerte noch den Verlust von Savoyen und Nizza, die es für Napoleons Hilfe bei seiner letzten Anstrengung zur Vertreibung der Österreicher im Jahre 1859 an Frankreich hatte abtreten müssen; es war auch mißtrauisch gegen Frankreichs Pläne, innerhalb seiner Grenzen weiter Fuß zu fassen, und grollte über das Bestehen der französischen Besatzung zur Aufrechterhaltung der Herrschaft des Papstes in Rom. Diese Gefühle bildeten ein hinreichendes Gegengewicht gegen Italiens Dankbarkeit für die ihm 1859 von Frankreich geleistete Hilfe, um Italien im Jahre 1870 in Ruhe verharren zu lassen. Österreich litt noch unter der Niederlage von 1866, aber sein Teilhaber an der Doppelmonarchie, Ungarn, hatte aus ihr Nutzen gezogen, und die feindlichen Absichten, die Österreich etwa gegen den Norddeutschen Bund gehegt hätte, wurden durch die raschen und entscheidenden Siege der deutschen Waffen unterdrückt.

England endlich erblickte in jenem Zeitpunkte in dem französischen Kaiserreiche seinen einzigen möglichen Nebenbuhler zur See und hatte nicht den langen Kampf mit Frankreich um die Herrschaft auf dem Meere vergessen. Das Heranwachsen Deutschlands als einer Kontinentalmacht allein schien seine Interessen nicht zu bedrohen, sondern eher ein Schutz gegen die kolonialen Aspirationen Frankreichs zu sein. Das einzige, was Englands traditionelle Politik erforderte, war, zu verhindern, daß die Küste des Kanals von Dünkirchen bis Antwerpen in die Hände einer der beiden Parteien fiele, d. h., die Unabhängigkeit Belgiens zu erhalten. Napoleon hatte bereits Absichten auf Belgien zu erkennen gegeben, und obgleich der Vertrag von 1839, der die Neutralität Belgiens garantierte und von England, Frankreich und Preußen, sowie von Rußland und Österreich unterzeichnet worden war, niemals formell widerrufen worden war, erachtete England es doch für notwendig, mehr zum Schutze seiner eigenen Interessen als zu jenem der belgischen, und mehr zu ihrem Schutze gegen Frankreich als gegen den Norddeutschen Bund, von Frankreich wie vom Norddeutschen Bunde gesonderte aber identische Verträge mit England zu verlangen, durch welche die belgische Neutralität für die Dauer des bevorstehenden Krieges und für ein Jahr nach dessen Beendigung garantiert würde. Auf Grund dieser Verträge war England bereit, neutral zu bleiben und dem Kriege seinen Lauf zu lassen.

Schienen der Triumph der deutschen Waffen und die Bildung des Deutschen Reiches durch die Vereinigung der süddeutschen Staaten mit dem Norddeutschen Bunde den englischen Staatsmännern nicht viel Sorge zu machen, so schien die Annektierung Elsaß-Lothringens einige Erklärungen zu verlangen, um ihnen die Gewähr dafür zu geben, daß dieses nicht der erste Schritt zu einer von dem neuen Deutschen Reiche zu verfolgenden Eroberungspolitik sei. Es war natürlich ein leichtes, historisch nachzuweisen, daß Deutschland nur sein Eigentum zurückforderte, aber die überzeugendere Rechtfertigung bestand darin, daß der Gebirgszug auf der Westseite dieses Gebietes die natürliche militärische Grenze zwischen Deutschland und Frankreich im Südwesten bildete, und daß sein Besitz in der Hand Frankreichs eine dauernde Bedrohung der deutschen Einheit und Sicherheit bilden würde. Dies war für Deutschland der Hauptgrund, und er genügte für Europa im Allgemeinen, außer für Frankreich selbst. Für Frankreich war es das Symbol dafür, daß es vom ersten Platz in der Reihe der europäischen Kontinentalstaaten westlich von Rußland auf den zweiten herabgedrückt worden war. Der Entschluß Frankreichs, seine Führerschaft wieder zu erlangen, verdichtete sich in dem Elsaß-Lothringen-Kult und zeigte den zünftigen Diplomaten Europas, welche Tonart sie im Verkehr mit Frankreich anzuschlagen hatten, um ihm zu schmeicheln und es für ihre Zwecke zu gewinnen.

Das neue Reich war sich von Anfang an bewußt, daß ihm hauptsächlich, wenn nicht ausschließlich, von Frankreich Gefahr drohe, und es gestaltete seine Politik und seine Diplomatie so, daß es dieser Gefahr begegnete. Es errichtete die Universität in Straßburg, führte den Schulzwang ein, um die allgemeine Unwissenheit der Bevölkerung in dem annektierten Gebiete auszurotten, führte daselbst sanitäre Reformen ein, besserte die Wohnungsverhältnisse in Stadt und Land und beseitigte die verrufenen Stadtteile und das Proletariat, dessen Behausung sie gebildet hatten; es lehrte die Landbevölkerung bessere Ackerbaumethoden und förderte in den Städten neue Industrien zum Nutzen und zur Wohlfahrt der dortigen Bevölkerung. Jeden, der wie ich auf Grund persönlicher Beobachtung das Elsaß-Lothringen von 1871 und das Elsaß-Lothringen von vierzig Jahren danach kennen gelernt hat, muß der gewaltige Fortschritt der Bevölkerung in Beziehung auf Bildung, Gesundheit, Kraft, Industrie, Unternehmungsgeist und Wohlstand innerhalb dieses Zeitraumes mit Erstaunen und Bewunderung erfüllt haben.

Zur selben Zeit, da das neue Reich mit der Einführung dieser Reformen für die Wohlfahrt Elsaß-Lothringens begann, führte es auf diplomatischem Wege eine Verständigung mit Rußland und Österreich in dem sogenannten „Dreikaiserbund“ von 1872 herbei, um den europäischen

Frieden zu erhalten. Als junger Student an der Berliner Universität war ich Zeuge der Zusammenkunft der drei Kaiser Wilhelm I., Alexander II. und Franz Joseph im Lustgarten am Ende der Linden zwischen dem Schlosse Friedrichs des Großen und dem Museum, und ich erinnere mich deutlich, welch hohe Hoffnungen für den ewigen Frieden, die Zufriedenheit und die Wohlfahrt Europas im Anschlusse hieran zum Ausdruck gebracht wurden.

Aber ach! Noch nicht fünf Jahre nach jenem vielversprechenden Septembertage löschte Rußland die Hoffnungen aus, die es selbst mit erweckt hatte, indem es den Feldzug zum Einbringen der Ernte aus jenem verhängnisvollen Vermächtnisse begann, das Peter der Große seinen Nachfolgern hinterlassen hatte, nämlich aus der Politik zur Eroberung Konstantinopels. Die Mächte standen ruhig beiseite und sahen zu, wie es seine Heere fast bis an die Tore jener Stadt marschieren ließ und den gedemütigten Türken den Frieden von San Stefano diktierte. Dann schritten sie im Interesse Europas gegen diesen unbilligen Angriff ein und ersuchten Rußland, den Vertrag den auf dem Berliner Kongreß versammelten Mächten zur Revision vorzulegen. Den Vorsitz auf jenem Kongreß führten der englische Premierminister Lord Beaconsfield und der deutsche Reichskanzler Fürst Bismarck, und der Kongreß milderte die harten Bedingungen des Vertrages und rettete das ottomanische Reich vor der Vernichtung.

Von jenem Augenblicke begann Rußland, seine Gefühle und seine Politik gegen das Deutsche Reich zu ändern und eine Annäherung an Frankreich zu pflegen. Der schlaue Bismarck bemerkte diese Änderung, und arbeitete mit aller Macht, um ihr zu begegnen. Im Jahre 1884 gelang es ihm schließlich, Rußland dazu zu bringen, mit Deutschland ein Neutralitätsabkommen für einige Jahre zu schließen für den Fall, daß einer von beiden Teilen von einer dritten Macht angegriffen werden sollte. Nach dem Ablauf dieses Zeitraumes wandte sich Rußland von allen Vereinbarungen mit Deutschland ab und gravitierte gegen Frankreich hin.

Sobald Bismarck der Verstimmung Rußlands im Jahre 1879 gewahr geworden war, hatte er sich Österreich-Ungarn zugewandt und mit dem Reiche der Habsburger ein hauptsächlich gegen einen russischen Angriff gerichtetes Defensivbündnis geschlossen. Vier Jahre später, im Jahre 1883 – manche Autoren geben einen früheren Zeitpunkt an – als die Annäherung Rußlands an Frankreich deutlich zutage getreten war, trat Italien diesem Bunde bei, der später als „Dreibund" bezeichnet wurde, und der nunmehr gegen einen Angriff auf eines seiner Glieder seitens Rußlands oder Frankreichs gerichtet war.

Der Grundton der Bismarckschen Politik war die Festigung des Deutschen Reiches als eines europäischen Festlandsstaates und die Verfolgung einer Weltpolitik, das heißt einer Politik der kolonialen Ausdehnung und des Außenhandels nur insofern, als dadurch die Stellung und die Interessen des Reiches auf dem Kontinent nicht gefährdet wurden. Durch die Lage des Reiches inmitten Europas, umgeben von mächtigen Staaten, die es bereits mit Mißgunst betrachteten, war eine solche Politik durchaus notwendig geworden. Unter solchen Verhältnissen war es höchst schwierig, die Elemente einer solchen Politik richtig zu bemessen. Bereits um 1890 war Deutschland aus dem Stadium eines Ackerbau treibenden Gemeinwesens herausgetreten und wurde nun schnell zu einem großen Industrie- und Handelsstaate. Diese Entwicklung war durch die rasche Zunahme seiner Bevölkerung notwendig geworden, die nur schwer durch Ackerbau allein auf den rund 540000 Quadratkilometern seines Gebietes unterhalten werden konnte. Aber dieser Wechsel erforderte fremde Märkte, und Spanien, Frankreich, Holland, und zuletzt England hatten die Welt gelehrt, daß der Weg, solche zu erwerben und sich zu erhalten, in der Errichtung von Kolonien bestände.

Es ist zweifellos, daß Bismarck sich mit gewaltigen Befürchtungen dazu entschloß, herrenloses afrikanisches Gebiet zu übernehmen und die Errichtung einer deutschen Kolonie zu beginnen. Er lernte alsbald die eifersüchtige Wachsamkeit Englands kennen, aber dieses Mal wandte er sie noch zum Guten, indem er den englischen Ansprüchen in Südafrika nachgab und dafür als Entgelt die Insel Helgoland für Deutschland erwarb. Dieser Austausch vollzog sich im Jahre seines Rücktritts vom Amte, 1890, tatsächlich unter der Amtsführung seines Nachfolgers, und er entsprach seiner Politik, zunächst für die Interessen des Reiches daheim zu sorgen. Auch damit war ein Schritt gewonnen, daß England dazu veranlaßt worden war, anzuerkennen, daß Deutschland überhaupt ein Recht habe, außerhalb seiner Grenzen auf dem Kontinent aufzutreten.

Ob die Annäherung zwischen Frankreich und Rußland durch dieses Ereignis erleichtert worden ist, oder nicht, wissen wir nicht mit Sicherheit. Wir wissen aber, daß sich im Jahre 1894 die Verständigung zwischen beiden zu einem Vertrage ausgereift hatte, dessen Inhalt geheim gehalten wurde, der aber, wie wir nunmehr schließen müssen, beide verpflichtete, in einem geeigneten Momente Deutschland mit Krieg zu überziehen.

Deutschland erkannte die Gefahr und suchte sie dadurch abzuwenden, daß es Rußland zur Verfolgung seiner Expansionspolitik in Asien ermutigte, in der Hoffnung, dadurch Europa von seinen Übergriffen zu befreien. Daher unterstützte Deutschland im Jahre 1895 Rußland gegen Japan in seinem Bestreben, Japan von der Küste des Stillen Ozeans an jenen Punkten fernzuhalten, an denen Rußland einen eisfreien Hafen für den Endpunkt seiner sibirischen Bahn an der Küste finden könnte. Hierdurch wurde Japan gegen Deutschland aufgebracht, und der rachsüchtige kleine gelbe Mann wartete geduldig auf eine Gelegenheit, sich zu rächen, die nun endlich gekommen ist. Im Jahre 1898 pachtete Deutschland von China ein Gebiet von etwa vierhundert Quadratkilometern, den Hafen von Kiautschou, und legte damit ein Faustpfand in die

Reichweite Japans. Zur selben Zeit pachtete Rußland von China Port Arthur an der Spitze der Halbinsel Kwantung und schaffte so einen Reibungspunkt zwischen sich und Japan.

Von 1890–1898 hatte Deutschland, das sich während all dieser Zeit rasch zu einem großen Industrie- und Handelsstaate entwickelt hatte, nicht viel mehr als zweitausend Quadratkilometer für Kolonialzwecke erworben, und hiervon war der größte Teil nicht für die Kolonisation bestimmt, sondern einfach für Kohlen- und Versorgungsstationen, während England, Frankreich und Rußland Hunderttausende und Aberhunderttausende von Quadratkilometern an Ländereien auf der ganzen Welt mittels Heeresmacht an sich rissen. Deutschland hatte also schon angefangen zu lernen, daß ein Außenhandel ohne Kolonien bestehen könne, ja noch einträglicher ohne solche wäre, wenn sich ihm nur in allen Ländern die Türen öffneten und geöffnet blieben.

Seit einiger Zeit hatte Deutschland seine Blicke auf das türkische Reich in Asien als auf ein neues einträgliches Handelsgebiet gerichtet, und im Jahre 1898 machte der Deutsche Kaiser seinen vielbesprochenen Besuch in Konstantinopel, Damaskus und Jerusalem. Im Jahre 1900 erhielt dann eine deutsche Gesellschaft oder ein deutsches Syndikat von der türkischen Regierung die Konzession zum Bau und Betrieb einer Eisenbahn von Konstantinopel mitten durch das türkische Reich in Asien an den Golf von Persien. Im gleichen Jahre, 1900, wurde das Flottengesetz über den systematischen und fortgesetzten Ausbau der deutschen Flotte vom Reichstag angenommen.

Der Gedanke Deutschlands war der, daß es ökonomischer, fördernder und menschlicher sei, nicht die kostspielige, zerstörende und unmoralische Politik der Zergliederung der Türkei weiter zu verfolgen, sondern ihre Integrität zu erhalten und ihre Verjüngung dadurch herbeizuführen, daß man sie durch tätigen Handel und Verkehr mit Europa und der Welt in nähere Berührung bringe. Deutschland wurde hierbei nicht nur von dem Wunsche geleitet, den deutschen Handel auszudehnen, nicht nur von dem Wunsche, die Entwickelung der Bewohner des türkischen Reiches zu fördern, und nicht nur von der Überzeugung, daß unter allen Rassen des Reiches die Türken die geeignetste zur Herrschaft seien, sondern auch von dem Wunsche, die türkische Frage, das heißt die Frage der Aufteilung der Türkei, als die große Quelle der Störungen des europäischen Friedens, vom Tummelplatz der europäischen Politik zu entfernen. Der Zweck der Entwicklung der Flotte aber war, imstande zu sein, die rasch anwachsende deutsche Handelsflotte und den deutschen Handel gegen jeden möglichen Angriff und gegen jeden ungesetzlichen Eingriff zu schützen.

England seinerseits verstand offenbar den Gedanken Deutschlands nicht oder traute den deutschen Absichten nicht. Seine Staatsmänner schienen zu fürchten, daß die Absichten Deutschlands auf territoriale Erwerbungen im türkischen Reiche und auf Feindseligkeiten gegen England gerichtet seien. England hatte so lange die Politik der territorialen Vergrößerung als die Lösung der Handelsfrage gehandhabt, daß es schwer begreifen konnte, daß es noch eine andere Lösung geben könne.

Zur selben Zeit weckte die russische Tätigkeit in Asien bei England große Angst für seine Besitzungen und seine Stellung auf diesem gewaltigen Kontinent, und die Unterstützung, die Deutschland Rußland angedeihen ließ, als es galt, Japan von der Kwantunghalbinsel fern zu halten, ließ die englischen Staatsmänner das Vorhandensein freundlicherer Beziehungen zwischen Rußland und Deutschland vermuten, als sie bisher angenommen hatten.

Nach der Thronbesteigung König Eduards im Jahre 1901 – ich will nicht sagen, infolge dieser – scheinen diese Befürchtungen die Grundlagen für die Politik Englands gegen Rußland und Deutschland gewesen zu sein. Eine Verständigung zwischen Rußland, Deutschland und der Türkei in der asiatischen Frage konnte für den Engländer nur eins bedeuten, nämlich den Ausschluß Rußlands von Konstantinopel und vom Golf von Alexandrette und sein Vordringen von Transkaukasien zum Persischen Meerbusen. Hier würde Rußland endlich die offene See erreichen und einen eisfreien Hafen erlangen. Aber es würde dann in der Flanke Indiens stehen. Diese tötliche Gefahr für das britische Weltreich mußte um jeden Preis abgewandt werden. Dieser Aufgabe hat sich die englische Diplomatie in den Jahren 1901–1914 zugewandt.

Wenn man sich auf Grund von Unterredungen in den politischen Hauptstädten Europas, auf Grund gelegentlicher Aussprüche bestunterrichteter und verantwortlicher Persönlichkeiten und auf Grund der in jener Periode eingetretenen Ereignisse ein Urteil bildet, so besteht der damals entworfene und gegenwärtig mit Waffengewalt verfolgte Plan der englischen Regierung darin, das weite Gebiet zu erwerben, das zwischen Ägypten und der Levante im Westen und dem unteren Persien im Osten liegt, dieses Gebiet mit Ägypten und der Levante durch eine von Alexandria zum Persischen Meerbusen führende Eisenbahn zu verbinden, und, vermutlich in Mekka oder in Kairo, für die Mohammedaner ein neues, unter der Kontrolle der englischen Regierung stehendes Kalifat zu errichten. Ein solches würde England im Besitze Indiens auf zweierlei Weise schützen, nämlich gegen territoriale Angriffe von seiten Rußlands, die möglicherweise von Deutschland unterstützt oder gefördert werden könnten, und gegen die geistige Gewalt des türkischen Sultans als des Kalifen aller gläubigen Mohammedaner; es könnte auch eines Tages den Weg zur Erwerbung des ganzen mohammedanischen Nordafrika durch das britische Reich öffnen.

Wie ließ sich nun ein solcher gigantischer Plan verwirklichen? Der erste und völlig unumgängliche Schritt mußte natürlich darin bestehen, die vermutete neue Freundschaft zwischen Rußland und Deutschland in Feindschaft zu verwandeln, und sowohl Rußland als auch Deutschland zu schwächen. Wir wollen sehen, ob England diesen Weg eingeschlagen hat. Es ist von Persönlichkeiten, die in engen Beziehungen zur deutschen Regierung stehen, kürzlich ausgesprochen worden, daß England im Jahre 1902 Deutschland ein Bündnis mit ihm und Japan angetragen hat, dessen Spitze gegen Rußland gerichtet war, und daß Deutschland dies abgelehnt hat. Japan hingegen ging dieses Bündnis ein und begann nach noch nicht zwei Jahren den Krieg gegen Rußland zu dem Zwecke, Rußland von seinem Ausgange am Stillen Ozean in Port Arthur und in der Mandschurei zu vertreiben. Es hatte hierbei Erfolg, und die Ergebnisse waren für England höchst vorteilhaft. Rußland, durch die Niederlage und durch Revolution geschwächt, war auf Europa zurückgedrängt, das heißt, gegen Deutschland und Österreich-Ungarn, und war außerstand gesetzt, seine Expansionspolitik in Asien weiter zu verfolgen; Deutschland und Österreich-Ungarn aber waren gezwungen, der Wahrscheinlichkeit ins Auge zu sehen, daß Rußland seine traditionelle auf die Besitzergreifung von Konstantinopel gerichtete Politik wieder aufnehmen würde.

Nachdem somit der erste und wichtigste Schritt zur Verwirklichung des englischen Planes der Verbindung von Ägypten und Indien mit Erfolg getan war, konnten die englischen Diplomaten den zweiten in Angriff nehmen. Dieser zweite Schritt bestand darin, Frankreich aus der Verwaltung Ägyptens auszuschalten und dadurch England als einzige Macht in diesem Lande übrig zu lassen, das natürlich einstweilen noch nominell unter der Oberhoheit des Sultans der Türkei stand; zugleich auch die Unterstützung Frankreichs für den Erwerb des zwischen Ägypten und Persien gelegenen Gebietes zu erlangen. Die Gelegenheit hierzu bot sich gerade in dem Augenblicke, da Rußland seine Niederlage durch Japan erlitt.

Frankreich hatte seit mehreren Jahren mit Spanien für die Besitzergreifung und Teilung Marokkos manövriert und intrigiert. Als England im Jahre 1904, vielleicht auch früher, dieser Bewegungen innewurde, gab es natürlich seinen Widerstand zu erkennen, benutzte aber sogleich die Gelegenheit, sich der Rechte Frankreichs auf die Teilnahme an der Verwaltung der ägyptischen Finanzen zu entledigen und die Zustimmung Frankreichs zur Erwerbung des gewaltigen Gebietes zwischen Ägypten und Persien zu erlangen, und zwar dadurch, daß es der Okkupation Marokkos durch Frankreich zustimmte. Jetzt aber trat Deutschland auf den Plan und verlangte, daß die marokkanische Frage einem Kongreß der Mächte unterbreitet würde. Frankreich betrachtete dieses Verlangen als große Anmaßung seitens Deutschlands, und seine Revanchegelüste für 1870 empfingen neue Nahrung. Trotzdem bestand Deutschland auf seiner Forderung, und im Jahre 1906 trat die Konferenz der Nationen in Algeciras zusammen. Diese Konferenz beschloß die Unabhängigkeit und Integrität Marokkos unter seinem eigenen Sultan, bewilligte innerhalb dieser Frankreich, Spanien und der Schweiz gewisse, sehr beschränkte Polizeigewalten, und erklärte die offene Tür für den Handel aller Nationen mit Marokko. Wir werden alsbald sehen, wie Frankreich diese Beschlüsse der Algeciras-Konferenz mißachtete, und wie England es bei dieser Mißachtung des Vertrages schützte.

Nachdem nun Rußland durch seine Niederlage und durch die Revolution geschwächt war, nachdem Frankreich der von der englischen Unterstützung in Afrika abhängige Bundesgenosse Englands geworden war, und nachdem Deutschland nunmehr das Wiederaufleben der russischen Absichten auf Konstantinopel befürchten mußte, konnte England jetzt den dritten Schritt zur Verwirklichung seiner Pläne tun und Rußland zu dem persischen Abkommen von 1907 bewegen. Durch dieses Abkommen erkannte Rußland die südliche Hälfte Persiens als zur englischen Einflußsphäre gehörig an. „Einflußsphäre" heißt es, aber dies bedeutet nicht mehr und nicht weniger als die Vorstufe zur Annexion. Damit verzichtete Rußland auf den Weg zum offenen Meere nach Süden hin durch Persien und den Persischen Meerbusen. Rußland hätte dies natürlich niemals getan, hätte sich nicht England seine äußerste Erschöpfung zunutze gemacht, denn dieser Weg ist der einzige, auf dem es im Süden das offene Meer erreichen kann. Die übrigen Wege führen nur an das Mittelmeer, und England bewacht beide Ausgänge dieses Binnenmeeres in die offene See.

Es stand ferner zu erwarten, daß sich England dem Durchgange Rußlands von Transkaukasien aus über Armenien zum Hafen von Alexandrette an der Nordostecke des Mittelmeeres widersetzen würde. War Rußland erst einmal im Besitze des Hochlandes von Armenien, so würde es nicht nur sämtliche Wege von Asien nach Kleinasien beherrschen, sondern es würde auch nach Belieben das ganze Tal des Euphrat und Tigris bis hinab zum Persischen Meerbusen besetzen können. Das würde dem englischen Plan zuwider sein, der auf die Angliederung von Mesopotamien an Ägypten gerichtet war, und würde zur Folge haben, daß sich die beiden großen ländergierigen Reiche der Welt zu beiden Seiten der imaginären Grenzlinie Auge in Auge gegenüberstehen würden.

England wollte sicherlich lieber den Türken zum Nachbar haben als den Russen. Es wollte sicherlich Rußland lieber Konstantinopel nehmen lassen als Armenien und Alexandrette. In der Tat gelangte Rußland nach dem Abkommen von 1907 und durch dieses wieder zu der Überzeugung, daß seine Aussichten für die wahrscheinliche Verwirklichung seiner Bestrebungen, das Meer im Süden zu erreichen, auf den Weg über Konstantinopel begrenzt seien. Aber von dem Augenblicke an, da der Vertrag von 1907 abgeschlossen worden war, führte der Weg nach Konstantinopel, wie die Russen jetzt sagen, über Berlin. Mit anderen Worten: der englische Plan einer Angliederung der südöstlichen Türkei und Arabiens an Ägypten, der Vertrag mit Rußland von 1907 über Persien, die deutsche Bagdadbahn und die Allianz zwischen Frankreich, Rußland und England ließen von all den Großmächten, die sich auf dem Berliner Kongreß von 1878 zur Verteidigung der Integrität des osmanischen Reiches vereinigt hatten, nur Deutschland und Österreich-Ungarn übrig und stellten England auf die Seite seines alten Widersachers in dieser Frage, nämlich Rußlands, mit dem zusammen es jetzt versucht, das osmanische Reich zu zerstören und zu berauben, während ihm gleichzeitig die Insel Zypern als Operationsbasis für die von ihm feierlich versprochene Verteidigung der Integrität eben dieses Reiches, besonders gegen Rußland, anvertraut ist.

Die Pläne reiften schnell dem entscheidenden Schlage entgegen. Im Juni 1908 fand die Zusammenkunft zwischen König Eduard und dem Zaren an Bord eines Schiffes in der Nähe von Reval im Finnischen Meerbusen statt, und ihr folgte unmittelbar die Zusammenkunft zwischen dem Zaren und dem Präsidenten Fallières von Frankreich an der gleichen Stelle. Der Zweck dieser Zusammenkünfte war offenbar, ein Eingreifen in die mazedonischen Wirren, jene brennende Frage zwischen der Türkei und ihren Untertanen auf dem Balkan, zu vereinbaren. Natürlich wußten die Ententemächte, daß dieses Eingreifen ihrerseits auf Widerspruch seitens Deutschlands und Österreich-Ungarns stoßen würde. Italien, das andere Glied des Dreibundes, hatte anscheinend den Lockungen Rußlands Gehör geliehen, das seine Ansprüche auf Südtirol und die dalmatinische Küste aufgestachelt und die Gefühle des italienischen Königshauses durch dessen Verbindung mit dem montenegrinischen beeinflußt hatte. Italien, so rechneten sie, würde zum mindesten neutral bleiben und vielleicht sogar bewogen werden können, seine Bundesgenossen im Stiche zu lassen und sich der Entente anzuschließen.

Da kam, wie ein Blitzstrahl aus heiterm Himmel, im Juli 1908 die jungtürkische Revolution. Ihr Ziel war die Schaffung einer konstitutionellen Regierung. Es ist ganz klar, daß sie England stärker beeinflußte als die übrigen Ententemächte. Wahrscheinlich mutmaßte England, daß die herzlichen Beziehungen zwischen Deutschland und der Türkei nur solche zwischen Deutschland und der Regierung Abdul Hamids seien, und daß der Sturz dieser Regierung und die Einsetzung einer konstitutionellen Regierung mit einem neuen Sultan oder möglicherweise mit einem Präsidenten diese Beziehungen lösen und an ihre Stelle eine freundschaftliche Gesinnung gegenüber England als dem Vaterlande aller parlamentarischen Regierungsformen treten lassen würde.

England begriff damals keineswegs, daß das herzliche Verhältnis zwischen Deutschland und der Türkei sich auf die Überzeugung des türkischen Volkes gründete, daß Deutschland nur den türkischen Handel suchte, während England und Rußland das türkische Gebiet suchten, daß daher Deutschlands Interessen und Ziele darin bestanden, die Integrität und Unabhängigkeit der Türkei zu schützen, während die Interessen und Ziele Englands und Rußlands darin bestanden, diese zu untergraben und zu vernichten.

Was immer der Grund gewesen sein mag, die Intervention in Mazedonien kam nicht zustande. Ihre angebliche Notwendigkeit erschien durch die Einsetzung der neuen konstitutionellen Regierung in Konstantinopel überholt, oder, wahrheitsgetreuer, durch die Einsetzung der neuen Regierung war dem Vorwande für die Intervention jeder Schein von Ehrbarkeit genommen.

Aber es trat etwas anderes ein, was Europa hart an den Rand des Krieges brachte. Bulgarien und die österreichisch-ungarischen Provinzen Bosnien und Herzegowina standen noch unter der nominellen Oberhoheit des Sultans der Türkei. Dieses Band war sicherlich ein sehr schwaches. Seit dreißig Jahren war Bulgarien dem Wesen nach ein unabhängiger souveräner Staat gewesen. Und während eben dieser Zeit waren Bosnien und die Herzegowina von Österreich-Ungarn verwaltet, entwickelt und tatsächlich der Zivilisation wiedergegeben worden. Bulgarien und Österreich-Ungarn wurden jetzt von der Befürchtung ergriffen, daß die neue türkische Regierung die Wiederherstellung ihrer tatsächlichen Oberhoheit über diese früheren türkischen Provinzen ins Auge fassen und sie in die Vertretung in dem neuen konstitutionellen Parlament in Konstantinopel einbegreifen würde.

Bulgarien und Österreich-Ungarn kamen dieser Gefahr an einem und demselben Tage, am 5. Oktober 1908, dadurch zuvor, daß sie einfach die Oberhoheit des Sultans ablehnten. Diese Oberhoheit war durch die Berliner Kongreßakte von 1878 vorbehalten worden, das heißt durch die Akte der auf jenem Kongreß vertretenen europäischen Großmächte, und es blieb nun abzuwarten, ob sie einschreiten und die Oberhoheit des Sultans stützen würden. Es wäre von ihrer Seite aus völlig sinnlos gewesen, wenn sie dies getan hätten, und sie taten es nicht. Österreich-Ungarn zahlte indessen an die Pforte eine Entschädigung von 54,25 Millionen Kronen. Aber Serbien machte von der Angelegenheit viel Aufhebens und wurde von Rußland gedeckt. Damit wurde der Plan enthüllt, Bosnien und die Herzegowina wenigstens so lange unter diesen Verhältnissen zu belassen, bis Rußland bereit sein würde, sie Österreich zu entreißen, sei es mit Gewalt oder durch die Einnahme von Konstantinopel, durch die Rußland in die Rechte der türkischen Regierung eintreten und dann diese Provinzen unter Berufung auf die vertragsmäßige Oberhoheit über sie beanspruchen würde. In diesem kritischen Augenblick schritt Deutschland ein, fiel Rußland in den Arm und erhielt dadurch Europa den Frieden. Der Plan der Entente litt für dieses Mal Schiffbruch an der ungenügenden Bereitschaft Rußlands, an dem Zögern Englands und an der Entschiedenheit und Festigkeit Deutschlands.

Im folgenden Jahre segnete König Eduard das Zeitliche, und die Unentschiedenheit der englischen Regierung mochte durch dieses Ereignis noch vermehrt sein. Dieser Umstand schien im Verein mit der Hoffnung, die Freundschaft zwischen Deutschland und der Türkei unter der neuen Regierungsform zum mindesten zu schwächen, und mit verschiedenen anderen Dingen, wie mit der vermuteten freundlichen Politik des neuen deutschen Reichskanzlers, dem Einflusse des deutschen Beispiels auf die neue sozialistische Gesetzgebung des englischen Parlaments und der Inanspruchnahme durch die irische Frage, die Haltung Englands gegenüber Deutschland im Sinne eines besseren Verständnisses für die Ziele Deutschlands zu beeinflussen. Insbesondere schien England mehr Verständnis dafür zu zeigen, daß die Interessen und Unternehmungen Deutschlands in der Türkei ökonomischer und kommerzieller Natur wären, jene Rußlands hingegen territorialer und politischer Art.

Aber diese Erscheinungen wurden durch die Schritte Frankreichs in Marokko rasch wieder in den Hintergrund gedrängt. In den fünf Jahren von 1906 bis 1911 hatte Frankreich in Marokko fortgesetzt kleine Handlungen begangen, die bei gerechter Auslegung des Algecirasvertrages eine Erweiterung der ihm übertragenen Gewalten bedeuteten, und es hatte diese Handlungen unter Vorwänden begangen, die es selbst geschaffen hatte. Dies war beispielsweise in der Casablancaangelegenheit der Fall, wo die französischen Beamten die Mauren dadurch aufgestachelt hatten, daß sie einen ihrer Friedhöfe entweiht hatten, und dann die

Stadt von einem Kriegsschiff aus beschossen, um den Aufstand zu unterdrücken.

Schließlich verkündete Frankreich im Jahre 1911, die Fremden in Fez seien in großer Gefahr, und entsandte ein Heer von etwa 16000 Mann, um die Hauptstadt von Marokko zu besetzen. Das einzige, was in Fez nicht in Ordnung war, war seine militärische Besetzung durch Frankreich. Diese bedeutete nicht mehr und nicht weniger als die Eroberung von Marokko angesichts der Algecirasakte, durch die sie untersagt war. Spanien, eine der Signatarmächte dieser Akte, besetzte sogleich eine Stellung an der Westküste von Marokko, und Deutschland, eine andere Signatarmacht, sandte ein kleines Kriegsschiff, den Panther, nach Agadir, einem andern, von der Stellung der Spanier nicht weit entfernten Platze. England machte sofort die französische Sache zu der seinen, obgleich es selbst eine der Signatarmächte des gebrochenen Algecirasvertrages war, und bedrohte beinahe Deutschland mit Krieg. Als Rechtfertigung für diese anscheinend befremdliche Stellungnahme, den Verletzer eines von ihm selbst mitunterzeichneten Vertrages gegen den Einspruch eines anderen Unterzeichners zu unterstützen, benutzte England die Darstellung, Deutschland suche in Agadir einen Flottenstützpunkt, um den Handel zwischen England und Südamerika zu stören. Das war aber nur der Vorwand. Der wahre Grund für die Haltung Englands lag viel tiefer. Der wahre Grund war, Frankreich für den Verzicht auf seine Rechte in Ägypten ein Entgelt zu gewähren, und Frankreichs Zustimmung zu dem englischen Plane der Angliederung der zwischen Ägypten und Persien gelegenen Gebiete an Ägypten zu erlangen. Die Deutschen wußten das damals gut genug, und viele von ihnen meinten, Deutschland hätte in diesem Zeitpunkte die Gefahr eines Krieges mit der Begründung auf sich nehmen sollen, daß es den Vertrag von Algeciras aufrecht erhalten wolle; aber der Kaiser wollte davon nichts wissen. Es gelang seinen Diplomaten, die Angelegenheit dadurch friedlich beizulegen, daß sie von Frankreich ein Zugeständnis annahmen, welches eben genügte, um Deutschland eine Demütigung zu ersparen.

In derselben Zeit, von 1911 bis 1912, vollzog sich weiter östlich eine andere bedeutsame Bewegung. Ich meine die Besitzergreifung von Tripolis durch Italien. Es ist äußerst schwer zu glauben, daß dieser Schritt von Italiens Dreibundsgenossen tatsächlich unterstützt oder gewünscht worden war, und es liegen dafür keinerlei Beweise vor. Dieser Schritt erschöpfte die Kräfte Italiens und erschöpfte zugleich die Kräfte der Türkei, und er machte Italien und die Türkei zu Feinden, lauter Dinge, die den Interessen Deutschlands und Österreich-Ungarns geradezu zuwider liefen, falls Italien seinen Verbündeten treu bleiben sollte. Wie ich schon im vorigen Kapitel gesagt habe, habe ich es aus dem Munde eines ausgezeichneten englischen Gewährsmannes, daß England es gewesen ist, welches Italien zu diesem Abenteuer angestiftet hat. Sein Zweck war dabei,

Italien in eine Lage zu versetzen, in der es im Falle eines Krieges zwischen den Mächten der Entente und jenen des Dreibundes nicht imstande sein würde, seine Pflichten gegen seine Verbündeten zu erfüllen. Dies ist völlig verständlich. Es ist auch leicht begreiflich, daß England lieber Italien zum unmittelbaren Nachbarn in Nordafrika haben wollte als Frankreich. Wenn es die englische Diplomatie war, die diese Unternehmung angezettelt hat, so war es sicherlich ein feiner Schachzug, und der englische Staatssekretär des Auswärtigen Amtes kann ganz stolz darauf sein. Überdies weist die Anstiftung des Balkanbundes gegen die Türkei und Österreich-Ungarn in genau demselben Zeitpunkte durch Englands Bundesgenossen Rußland auf denselben Ursprung des italienischen Tripolisunternehmens hin.

Die letzten Entwickelungsstufen der unmittelbaren Ursachen für die große Katastrophe folgen nun rasch aufeinander. Während Frankreich und Rußland den Balkanbund organisierten und finanzierten, schien England vor der Zerstörung der Türkei und dem Vordringen Rußlands zum Mittelmeere Angst zu bekommen. Es schien für den Augenblick die deutschen Handelsinteressen in der asiatischen Türkei den russischen territorialen Plänen vorzuziehen. Es wird behauptet, daß bereits eine Verständigung mit Deutschland über die Bagdadbahn in der Verwirklichung begriffen war. Da brach der Sturm los. Der Balkanbund griff zuerst die Türkei an, während viele gut unterrichteten Persönlichkeiten behaupte, daß er nach Rußlands Absichten zuerst Österreich-Ungarn hätte angreifen sollen. Während des Herbstes 1912 war er im allgemeinen siegreich und trieb die türkischen Streitkräfte auf ihre letzte Verteidigungslinie vor Konstantinopel zurück.

In diesem Augenblicke, in den ersten Tagen des Jahres 1913, wurden russische Heeresbewegungen aus Transkaukasien gegen Armenien hin entdeckt. Sowohl Deutschland als England begriffen sie vollkommen. Sie bedeuteten die Besitzergreifung eines breiten Streifens türkischen Gebietes, der sich durch Armenien zur Nordostecke des Mittelmeeres hinzieht. Sie bedeuteten die Vernichtung der türkischen Herrschaft in Asien, die Vernichtung der deutschen Handelsinteressen dort und eine unbequeme Nähe Rußlands an Ägypten und den Suezkanal. Im Besitze des Hochlandes von Armenien würde Rußland nach dem Urteil militärischer Sachverständiger in der Lage sein, nicht nur die Bucht von Alexandrette zu erreichen, sondern auch nach Belieben Syrien, Babylonien und Mesopotamien zu besetzen, mit anderen Worten, den englischen Plan der Vereinigung Ägyptens mit Persien durch die Besetzung der dazwischenliegenden Gebiete zunichte zu machen.

Wiederum trat Deutschland im kritischen Augenblicke dazwischen und verlangte das Aufhören dieser Bewegung England empfand, daß im Augenblick seine eigenen Interessen mit denen Deutschlands zusammenfielen, und Rußland gab nach, wenn auch sehr widerwillig und mit gesteigertem Groll gegen Deutschland. In dem gleichen Augenblicke sprengten die Ansprüche Bulgariens den Balkanbund und verwandelten den Krieg gegen die Türkei in einen Krieg zwischen den Balkanstaaten. Dadurch wurde Österreich-Ungarn einstweilen vor dem Angriff bewahrt, den die Balkanstaaten nach ihrem Siege über die Türkei auf es machen sollten. Der europäische Krieg schien wieder einmal abgewendet zu sein, und England schien sich Deutschland zu nähern. Aber ach! das war nur Schein.

Nachdem es durch Deutschland von dem Wege durch Armenien zum Mittelmeere zurückgewiesen worden war, entschloß sich Rußland nun endgültig, zu seiner alten Politik der Besitzergreifung von Konstantinopel zurückzukehren, und England muß die Überzeugung gewonnen haben, daß von den drei Wegen, die es für Rußland gab, das Meer im Süden zu erreichen, der Weg durch Konstantinopel die englischen Interessen am wenigsten schädigen würde. Überdies begriff England, daß auch Deutschland und Österreich-Ungarn Rußland auf diesem Wege entgegentreten würden, und daß Rußland, selbst wenn es ihm gelingen sollte, ihren Widerstand zu überwinden, aus dem Kampfe so erschöpft hervorgehen würde, daß es nicht länger zu fürchten sein brauche, und daß auch Deutschland und Österreich-Ungarn geschwächt sein würden, was einen der Hauptpunkte der englischen Staatskunst bildet.

Verärgert durch den Widerstand Deutschlands gegen

seinen Plan zur Besitzergreifung Armeniens wandte sich Rußland nun an seinen französischen Bundesgenossen und erreichte bei ihm die Wiedereinführung der dreijährigen Dienstzeit, durch welche die Friedenspräsenzstärke des Heeres auf 800000 Mann oder darüber erhöht wurde, sowie das Versprechen einer neuen Anleihe von 2 Milliarden Mark.

Die Deutschen wußten nur zu gut, daß die Stunde rasch herankam, und trafen ihrerseits Vorbereitungen, um der Erhöhung der Heeresstärke in Frankreich und Rußland zu begegnen. Die deutsche Regierung hoffte indessen noch, daß die Gefahr, die in der drohenden Auflösung des ottomanischen Reiches durch den russischen Plan, sei es auf dem Wege über Armenien oder auf jenem über Konstantinopel, für die englischen Interessen lag, England abschrecken würde, der militärische Verbündete Rußlands und Frankreichs bei ihrem Angriff auf Deutschland und Österreich-Ungarn zu werden. Aber die deutsche Regierung und das deutsche Volk rechneten nicht genug mit der Furcht Englands vor der deutschen Konkurrenz in Handel und Industrie und vor dem Anwachsen der deutschen Flotte.

Die englische Regierung muß ernste Bedenken gehabt haben. Der Rücktritt dreier Mitglieder des Kabinetts ist ein sicheres Anzeichen hierfür. Aber die Mehrheit jener Körperschaft gelangte offenbar zu dem Schlusse, daß England nach der allgemeinen Erschöpfung der Festlandsmächte durch unablässigen Krieg besser in der Lage sein würde, später mit Rußland fertig zu werden, als gegenwärtig, den Kampf mit der sich rasch entwickelnden Macht und Wohlfahrt Deutschlands aufzunehmen. Als daher die russische Drahtpuppe auf dem Balkan die Lunte entzündete, die so gelegt worden war, und als Österreich-Ungarn sein eigenes Haus vor dem Brande schützen wollte, ermutigte die englische Regierung Serbien zum Widerstande, ermutigte sie Rußland zum Einschreiten, ermutigte sie Frankreich zur Unterstützung Rußlands und versprach sie Frankreich ihre eigene Unterstützung. Dies ist die ungeschminkte nackte Wahrheit. Alles übrige ist der Schleier diplomatischer Täuschungen. Die Geschichte der unmittelbaren Ursachen des Krieges stützt somit die Auslegung, die wir dem englischen Blaubuch gegeben haben, und ist mit keiner anderen Auslegung vereinbar.

Es bestehen indessen noch tiefere Ursachen für diesen Krieg, und diese entspringen aus den unwiderstehlichen Schritten und Zielen des Schicksals, das die Welt durch die verschiedenen Stufen der Zivilisation führt. Wir wollen versuchen, einen Blick in diese Ursachen zu tun.

Kapitel III.

Die tieferen Ursachen des Krieges.

Vor einigen Tagen las ich in einem unserer führenden Blätter einen Leitartikel, in welchem der Verfasser sagte, daß jene Leute, die bemüht seien, den deutschen Standpunkt gegenüber der großen Bewegung zu erklären, die sich gegenwärtig in Europa vollzieht, einfach an der steinernen Mauer der öffentlichen Meinung in Amerika sich den Schädel einrennen und ihr Gehirn verspritzen. Es war von seiten dieses Verfassers immerhin etwas, anzuerkennen, daß sie überhaupt Gehirn haben, und ich zweifle nicht daran, daß sie ihm für diese Freundlichkeit alle von Herzen dankbar sind, denn sie haben sicherlich gelernt, kleine Freundlichkeiten zu schätzen. Ich weiß nicht, ob der edle Verfasser mich zu jenen zählt, deren Hirn gegenwärtig diesen ehernen Wall bespritzt. Ich glaube wohl. Aber es ist gerade genug davon in seinem ursprünglichen Gehäuse übrig geblieben, um diesen Gedanken als Grundton des vorliegenden Kapitels zu entwickeln, daß es nämlich etwas noch Härteres gibt als diese steinerne Mauer und etwas noch Härteres, wenngleich in anderem Sinne, als die bombensichere Kasematte des Schädels des Verfassers jenes Leitartikels. Dieses Etwas ist das Schick=

sal, das diese Welt beherrscht. Es ist die Macht, welche auf dem weltgeschichtlichen Marsche zur allgemeinen Zivilisation eine Zivilisation nach der anderen an die Spitze der Kolonne des menschlichen Fortschrittes stellt. Wir wollen uns in diesem Kapitel bemühen, einen Standpunkt zu gewinnen, von dem aus wir feststellen können, ob sich diese Kolonne auf dem Vormarsch befindet, und welche unter den Nationen in unserem Zeitalter ihr eigentlicher Führer ist.

Ich glaube, für einen in die Tiefe dringenden Leser der Weltgeschichte bietet es keine Schwierigkeiten, sich über die erste Frage Gewißheit zu schaffen. Durch alle die Wechsel in der Regierung und in der Herrschaft, durch alle die Folgen der Völker und Nationen in der Führerschaft und durch alle die Wandlungen und Zickzackwindungen des Verlaufes sieht er die Menschheit dauernd zu einer immer allgemeineren Verteilung der Früchte der Zivilisation, also der Intelligenz, der Bildung, des Charakters, des Wohlstandes, fortschreiten. Er sieht ferner, wie die Führerschaft auf diesem Marsche von Hand zu Hand geht, entsprechend der Fähigkeit, diese immer weitere Verbreitung von Generation zu Generation herbeizuführen.

Die zweite Frage indessen verlangt eine eingehendere, wenn nicht eine genauere Untersuchung. Vor einigen Jahren durchwanderte ich in Begleitung des Verwalters eines jener prächtigen Herzogsgüter, die England zu dem schönsten Fleck Erde machen, das man sehen kann. Während ich die wundervollen Wiesen, Weideplätze und

Wälder, ein auserlesenes Gelände für Jagd, Spiel und Erholung betrachtete, fragte ich den Verwalter, ob die Erzeugnisse des Gutes seine Bebauer und Bewohner, den Herzog und seine nächste Familie nicht mit einbegriffen, ernährten. Er antwortete prompt mit einem Nein. Ich fragte ihn dann, woher die für ihren Unterhalt außerdem erforderliche Summe käme. Er antwortete ebenso prompt, daß der Herzog sie hergäbe. Weiter fragte ich ihn, woher denn der Herzog sie beziehe, ob seine anderen Güter einträglicher seien. Er entgegnete, nein. Das Einkommen des Herzogs stamme aus dem Mietszins seiner Häuser in London. Ich forschte noch weiter und fragte nach der Quelle der Mittel, die den Bewohnern der Stadthäuser des Herzogs ermöglichten, ihm den Mietszins zu zahlen. Er erklärte mir, diese Quellen seien Industrie, Handel und Verkehr. Als ich dann weiter forschte, um zu erfahren, mit wem dieser Handel getrieben werde, und an wen die Erzeugnisse verkauft werden, antwortete er wieder unverzüglich: „Mit unseren Kolonien und an diese als feststehende Regel und, je nachdem es die Verhältnisse gestatten, im Verkehr mit der übrigen Welt." Ich erkundigte mich noch weiter bei ihm, ob alle Grundbesitzer in England sich in derselben wirtschaftlichen Lage befänden wie sein Brotherr, und seine Antwort war eine bejahende.

Aus diesen kurzen aber sachlichen Antworten entnahm ich, daß das System der Volkswirtschaft in England aus folgenden Grundelementen besteht: Erstens finden wir eine

Oberschicht von zehn bis zwanzig Tausend – mit ihrer nächsten Familie zusammen wollen wir sie auf fünfzig bis hundert Tausend beziffern –, denen der Grund und Boden, die Häuser und das Kapital der britischen Inseln gehört; also die Gutsbesitzer, die Eisenbahnkönige, die Fabrikherren, die Reeder, die großen Bankherren und die großen Importeure. Zweitens sehen wir die Aufteilung des Grund und Bodens im Lande in gewaltige Güter; diese bilden die fürstlichen Wohnstätten dieser bevorzugten Klassen und werden in so großem Maße ausgenutzt, um die Launen ihrer Besitzer zu befriedigen, um ihrem Sport, ihrem Vergnügen und ihrer Erholung zu dienen, daß dadurch die Erzeugnisse der Landwirtschaft auf etwa den vierten Teil dessen herabgedrückt werden, was zur Ernährung der Bewohner des Inselreiches erforderlich ist. Drittens haben wir eine Ansammlung der großen Masse der Bevölkerung in den Städten, den Industrie-, Handels- und Verkehrszentren; die Folge davon sind Übervölkerung, Armut, Krankheit, Laster und Unwissenheit, also eine Entwicklung der schlechten Stadtteile und des Proletariats. Viertens gibt es ein ungeheures Kolonialgebiet, das ständig an Ausdehnung zunimmt; in diesem werden die Fabrikerzeugnisse Großbritanniens abgesetzt, und aus ihnen werden dafür die landwirtschaftlichen Erzeugnisse gezogen, die zur Ernährung des Mutterlandes erforderlich sind; aus ihnen zieht das Mutterland auch den Reichtum an Bergwerkserzeugnissen, die Beamtengehälter, sowie reichliche Zinsen für geliehenes und investiertes Kapital. Fünftens finden wir eine gewaltige Handelsflotte, deren Stärke genügt, um den Handel und den Verkehr zwischen dem Inselreiche und dem Kolonialreiche in allen Weltteilen zu beherrschen, und eine gewaltige Kriegsflotte, die imstande ist, diese Herrschaft nach Wunsch durch physische Kraft zu stützen und zu schützen.

Ich teilte meinem Gastgeber diese Gedanken im wesentlichen so, wie ich sie hier wiedergegeben habe, mit, und fragte ihn, ob sie das bestehende volkswirtschaftliche System Englands richtig darstellten. Er antwortete mir, dies sei der Fall, mit der Maßgabe, daß England in der Praxis den freien Handel zwischen seinen Kolonien und anderen Ländern gestatte. Ich sagte ihm, England könne dies jetzt (1887) ruhig tun, denn es habe tatsächlich gegenwärtig keinen ernstlichen Konkurrenten auf dem Gebiete des Handels und Verkehrs. Aber angenommen, es würde ein erfolgreicher Konkurrent auftreten? Er antwortete: „Den würden wir durch Gesetze ausschließen oder mit Gewalt vernichten müssen.“ Schließlich aber fragte ich: „Würden eure Kolonien sich mit einem Schutzzolltarif zufrieden geben, den das englische Parlament gegen die übrige Welt zum Nutzen der englischen Industriellen aufstellen würde?“ Und er entgegnete: „Möglicherweise nicht, und in diesem Falle würden wir unsern Konkurrenten mit physischer Gewalt vernichten müssen.“

Ich kann nicht finden, daß sich das Volkswirtschaftssystem Englands zwischen jener Zeit (1887) und der Gegenwart wesentlich verändert hätte. Zwischen damals und jetzt ist England gezwungen gewesen, Irland in hohem Maße aus seinen Klauen frei zu geben, und es hat einige Grundzüge des deutschen Renten- und Versicherungssystems zur Besserung der Lage seines Proletariats eingeführt. Andererseits hat es rund weitere fünf Millionen Quadratkilometer der Erdoberfläche mitsamt ihren Bewohnern unter seine Herrschaft gebracht, und zwar hauptsächlich durch Feuer und Schwert, und die Entwickelung des amerikanischen Multimillionärtums mit dem Streben seiner Mitglieder nach englischen Titeln hat für den englischen Adel durch internationale Heiraten eine neue Beitrags- und Einkommensquelle aufgetan, die der Aufrechterhaltung des Systems förderlich ist.

Zu Anfang dieses Jahrhunderts haben sich Mr. John Chamberlain und seine Anhänger ernstlich bemüht, die Gefahren abzuwenden, die dem System aus der Tatsache erwuchsen, daß anderen Ländern Handelsfreiheit mit den englischen Kolonien gestattet war, und zwar dadurch, daß sie die Annahme des Prinzips hoher Schutzzölle vorschlugen; sie vermochten indessen nicht, Volk und Parlament zu einer klaren Erfassung der Lage zu überzeugen. Volk und Parlament glaubten nicht, daß irgendein Land in erfolgreichen Wettbewerb mit der englischen Industrie treten könne, und sie schreckten vor der Wirkung zurück, die der Versuch auf die Kolonien haben könnte, diese künstlich zum Kauf englischer Waren zu zwingen. So war denn, trotz einiger Vorrechte zugunsten der englischen Erzeugnisse, das Wirtschaftssystem des Reiches am 1. August 1914 im wesentlichen so, wie ich es im vorstehenden in allgemeinen Umrissen geschildert habe.

Es ist ein Grundsatz der politischen Geschichte, daß sich das Regierungssystem nach dem Volkswirtschaftssystem zu richten sucht. Es ist unschwer ersichtlich, daß ein Wirtschaftssystem wie das englische, dessen Grundzüge eine unbegrenzte koloniale Ausdehnung und die Herrschaft über den Handel zur See bilden, auf der politischen Seite eine überwältigende Kriegsflotte, koloniale Berufsheere und eine immer unbeschränktere Regierung erfordern muß, eine Regierung, die rasch, entscheidend und nötigenfalls heimlich zu handeln vermag. Das ist genau der Verlauf, den die neuere Entwicklung des politischen Systems Englands genommen hat.

In den letzten zehn Jahren ist die englische Flotte durch die Erfindung und den Bau der Dreadnoughts unbesiegbar geworden und hat Großbritannien die Herrschaft über die Meere gewonnen. Gegenwärtig wagt keine Nation der Welt und keine Gruppe von Nationen, ihm diese streitig zu machen, oder auch nur ihre ehedem erhobenen Ansprüche darauf gegen England aufrecht zu erhalten. Gleichzeitig sind die Kolonialheere praktisch gekräftigt, geschult und ausgebildet worden, so daß sie nicht nur imstande sind, Aufstände und Empörungen zu unterdrücken, sondern auch die

Grenzen des Kolonialreiches in allen Weltteilen zu erweitern.

Schließlich ist die englische Regierung allmählich zu einer Gruppe von Ministern geworden, welche die unumschränkten Machtbefugnisse eines unbeschränkten Unterhauses leitet. Es gibt keine englische Verfassung mehr, wie sie der Vorstellung der Amerikaner von einer konstitutionellen Regierung entspräche. Bei uns ist die konstitutionelle Regierung eine beschränkte Regierung, die rechtlich durch die Rechte des Individuums beschränkt wird, wie sie in einem geschriebenen Instrument ausgedrückt und verbrieft sind, wie sie von dem souveränen Volke verordnet und von den Gerichten ausgelegt und durchgeführt werden, und eine Regierung, die politisch durch die verfassungsmäßige Machtverteilung in zwei getrennt und voneinander unabhängige Regierungskörper und durch deren Zusammenarbeit beschränkt wird. In diesem allein richtigen Sinne einer konstitutionellen Regierung ist die englische Regierungsform Despotismus. Es gibt dort keine gerichtliche Körperschaft, welche die Rechte des Individuums gegen einen Parlamentsbeschluß verteidigen könnte; ja, es gibt gegenüber einem Parlamentsbeschluß tatsächlich kein Recht des Individuums. Es gibt dort keine unabhängige Exekutivgewalt, welche gegenüber einem Parlamentsbeschluß ein Veto einlegen, ihn abändern, aufhalten oder seine Ausführung verzögern könnte. Und das Oberhaus kann jetzt nicht mehr den Willen des Unterhauses dauernd durchkreuzen oder auch nur abändern, der von der Mehrheit dieses Unterhauses unter der Führerschaft seines Exekutivkomitees, des Ministerkabinetts, geleitet wird.

Das wirtschaftliche und das politische System Rußlands haben mit den englischen mehr Ähnlichkeitspunkte, als man gemeinhin glaubt. Ersetzen wir das allmächtige Unterhaus durch den Zaren und das Kabinett durch den Kreis der Großfürsten, und halten wir uns ferner gegenwärtig, daß die abhängigen Gebiete mit dem Kern des Reiches territorial zusammenhängen, statt jenseits des Meeres zu liegen, und daß infolgedessen das notwendige Organ der Militärgewalt ein gewaltiges Heer an Stelle einer überwältigenden Flotte ist, so haben wir im wesentlichen die Elemente, durch deren Wechselspiel ungefähr dieselben Ergebnisse und dieselbe Politik herbeigeführt werden wie in dem englischen System. Zum mindesten können wir sagen, daß die beiden Systeme wunderbar geeignet sind, einander bei der Eroberung der Welt zu ergänzen. Sie besitzen zusammen jetzt ungefähr die halbe Welt, und wenn sie sich nur untereinander dahin einigen können, daß der eine Teil ganz Asien und Europa haben soll und der andere Teil den Rest, dann wird möglicherweise das tausendjährige Reich anbrechen, und, während der russische Bär und der britische Leu in inniger Umarmung liegen, kann sich die Menschheit ewigen Friedens erfreuen.

Aber wird der Gott der Weltgeschichte, das Schicksal, welches den Fortschritt der Welt lenkt, es zugeben, daß sich im zwanzigsten Jahrhundert ein solches Zerrbild der Zivilisation auf Erden, ein solcher Hohn auf den Fortschritt der Welt gestaltet? Ich vermag es nicht zu glauben. Ich glaube, daß die Hand des Schicksals etwas besseres vorbereitet, ja schon besseres vorbereitet hat, etwas, was aus diesem großen Völkerringen triumphierend und durch diesen Kampf geläutert und verfeinert hervorgehen und durch sein Beispiel und seinen Einfluß den Weg zur Entwicklung der Menschheit weisen wird.

Die gegenwärtige volkswirtschaftliche und politische Organisation des Deutschen Reiches, das auch in seiner Verfassung den bedeutungsvolleren Namen eines deutschen Staatenbundes führt, ist in vielen sehr wichtigen Punkten das gerade Gegenteil von jener des vereinigten britischen Königreiches und Kolonialreiches. Sein volkswirtschaftliches System ist bei weitem das wirkungsvollste und im wahrsten Sinne demokratische, das gegenwärtig auf der Welt besteht, oder je bestanden hat. Es gibt gegenwärtig auf Erden keinen großen Staat, in dem eine so allgemeine und gleichmäßige Verteilung der geistigen und materiellen Früchte der Zivilisation unter das gesamte Volk herrschte, wie im deutschen Staatenbunde. Und es gibt keinen Staat, ob groß oder klein, in dem der allgemeine Stand der Zivilisation ein so hoher wäre. Der Unterricht ist allgemein, und die Unwissenheit ist vollkommen ausgerottet. Es gibt keine Lasterhöhlen, kein Proletariat, keine allgemeine Verarmung; der Wohlstand ist allgemein, und das Pflichtgefühl ist der herrschende Lebensgrundsatz im öffentlichen und im privaten Leben, bei hoch und gering. Die Einrichtungen des Landes sind durchweg so getroffen, daß jeder einzelne an die Stelle und in den Wirkungskreis gestellt wird, für die er oder sie am besten befähigt ist, und dadurch wird ein Verlust durch Abnutzung und Reibung im Wirtschaftsbetriebe vermieden.

Das wichtigste und grundlegendste ist, daß die deutsche Landwirtschaft systematisch entwickelt, verbessert und geschützt worden ist, bis sie den höchsten Punkt des Ertrages erreicht hat, den die Welt kennt. Es ist ein Land der kleinen Grundbesitzer, in dem es verhältnismäßig wenige große Güter gibt, und in dem die verhältnismäßig wenigen Pächter nicht sowohl in Privatbesitz befindliches Land in Pacht haben als vielmehr Gemeindeland. Die Wälder werden gehegt, um Nutz- und Bauholz zu liefern und die Wasserläufe zu schützen; das Weideland aber ist beschränkt, und die größtmöglichen Flächen werden beackert. Durch die Gesetzgebung gepflegt, mit Einsicht und persönlichem Interesse durchgeführt, und durch die Wissenschaft bereichert, ist die deutsche Landwirtschaft so intensiv, daß ein Morgen deutschen Landes so viel hervorbringt wie drei Morgen russischen Landes, obwohl der deutsche Boden ursprünglich ärmer und schwerer zu kultivieren ist. Die Bevölkerung mit heimischen Produkten zu ernähren, ist der erste Grundsatz des volkswirtschaftlichen Systems in Deutschland gewesen. Bei einem Gebiete von 540000 Quadratkilometern, einer Fläche, die nicht einmal so groß ist wie unser Staat Texas für sich allein, kann der deutsche Staatenbund alle für die Erhaltung einer Bevölkerung von siebenzig Millionen unbedingt erforderlichen Nahrungsmittel hervorbringen. Das Deutsche Reich braucht daher nicht unbedingt Kolonien für seine Nahrungsbedürfnisse, ebensowenig braucht es die Mietserträge aus Stadthäusern, um seine Pacht- und Landgüter zu erhalten. In Deutschland stützt das Land die Stadt mehr als die Stadt das Land.

Auf dieser natürlichen und gesunden Grundlage, an der sie bewußt und beharrlich festhalten, haben die Deutschen ihre Industrie und ihren Handel aufgebaut. Sie haben sie aufgebaut mit Sorgfalt, nach wissenschaftlichen Grundsätzen und mit unermüdlichem Fleiße. Sie haben nicht zugelassen, daß das Fabrikleben aus ihren Städten Lasterhöhlen macht oder ein Proletariat schafft. Sie verlangen vom Arbeitgeber, daß er mit dem Staate und dem Arbeitnehmer zusammen zur Errichtung von Versicherungs- und Pensionsfonds beiträgt, und haben dadurch der Arbeit ihren gerechten Anteil an dem erzeugten Wohlstande gesichert. Und dadurch, daß sie das persönliche Interesse der Arbeitnehmer an der Güte ihrer eignen Arbeit geweckt haben, haben sie ihre Industrieerzeugnisse auf einen so hohen Grad der Vollendung gebracht, daß sie überall, wo sie Zugang haben, erfolgreich mit denen jedes anderen Landes in Wettbewerb treten können.

Der deutsche Handel ist daher nicht von gewaltigem

Kolonialbesitz abhängig. Er braucht natürlich Niederlagen, Kohlenstationen und Verproviantierungsstationen, sowie eine starke Flotte zum Schutze gegen die Räuber auf dem Meere, aber Deutschland erachtet es nicht als notwendig für seine Existenz, fortgesetzt das Gebiet der Welt für koloniale Märkte an sich zu reißen. Die offene Tür ist alles, dessen Deutschland bedarf, um ihm im Verein mit der ausgezeichneten Beschaffenheit seiner Erzeugnisse und seinen wirksamen Handels- und Verkehrsmethoden eine unbegrenzte industrielle Ausbreitung zu sichern. Somit ist sein volkswirtschaftliches System nicht das eines ländergierigen Reiches. In den zwei Jahrzehnten seiner wunderbaren industriellen Entwicklung, von 1890 bis 1910, hat Deutschland nicht viel mehr als 2½ Millionen Quadratkilometer fremden Gebietes erworben, während England nahezu 2½ Milliarden, Rußland fast ebensoviel, Frankreich 8 bis 10 Millionen, Belgien mehr als eine Million, und selbst die Vereinigten Staaten von Amerika ungefähr 200 Millionen Quadratkilometer erworben haben. Und während Deutschland die Stücke dieses kleinen Gebietes fast in allen Fällen durch Kauf oder Pacht erworben hat, haben die übrigen Länder die meisten, wenn nicht alle Landgewinne durch militärische Eroberung an sich gebracht.

Wir wollen uns nun dem politischen System Deutschlands zuwenden und die Punkte feststellen, in denen es sich von jenem des britischen Reiches unterscheidet. In erster Linie ist Deutschland ein Bund selbständiger Staaten mit eigener Regierung. Ein solches System erfordert eine geschriebene Verfassung, um die Regierungssphären der Zentralregierung und der Bundesstaaten mit der erforderlichen Genauigkeit gegeneinander abzugrenzen. Das deutsche politische System beruht auf einer solchen Verfassung, die von Vertretern der Regierungen der einzelnen Staaten aufgestellt, von einer Vereinigung von Vertretern des Volkes, die durch allgemeine Stimmabgabe der männlichen Bevölkerung gewählt waren, angenommen, und von den gesetzgebenden Körperschaften der Einzelstaaten ratifiziert worden ist.

Diese Verfassung verteilt die Regierungsgewalt auf die Reichsregierung und auf die Bundesstaaten; sie verteilt weiter die Gewalten der Reichsregierung auf die Gesetzgebung und die Exekutive; dabei überträgt sie der Reichsgesetzgebung, einer Körperschaft, in welcher die Mitglieder des einen Hauses von der männlichen Bevölkerung in allgemeiner und direkter Wahl erwählt werden, während die Mitglieder des anderen Hauses von den Bundesstaaten ernannt werden, die Gewalt, Gesetze zu machen, und der Exekutive, nämlich dem Kaiser, das Recht, die Gesetze auszuführen, oder vielmehr über die Ausführung der Gesetze zu wachen. Somit ist die deutsche Regierungsform eine verfassungsmäßig beschränkte Regierung; in politischer Hinsicht ist sie beschränkt durch die Verteilung der Regierungsgewalt zwischen die Reichsregierung und die Bundesstaaten und durch die Verteilung der Gewalt der Reichsregierung zwischen die Gesetzgebung und die Exekutive; und in rechtlicher Hinsicht ist sie beschränkt durch die Gesetze über das Recht des einzelnen in den Verfassungen der Einzelstaaten und durch die in der Reichsverfassung enthaltene Festsetzung gewisser grundlegender Pflichten und Rechte des einzelnen.

Eine von diesen Pflichten, die auch als ein grundlegendes Recht anzusehen ist, ist die verfassungsmäßige Forderung, daß jeder körperlich geeignete männliche Deutsche Waffen tragen muß, und die Festlegung des Zeitraumes, für den seine Dienste verlangt werden oder verlangt werden können, was zugleich bedeutet, daß sie darüber hinaus nicht verlangt werden dürfen. Ich bezeichne dies ebensosehr als ein Recht wie als eine Pflicht. In der Verfassung der Vereinigten Staaten von Amerika wird es als solches behandelt und folgendermaßen zum Ausdruck gebracht: „Da für die Sicherheit eines freien Staates ein wohl geregeltes Heer notwendig ist, soll das Recht des Volkes, Waffen zu führen und zu tragen, nicht beeinträchtigt werden.“ Es ist deutsche Art, die Pflicht voranzustellen und das Recht als den zufälligen Begleitumstand zu behandeln. Das ist der Grundton des deutschen Charakters, sowohl im politischen und volkswirtschaftlichen Leben, als auch im Privatleben. Die Rechte, die durch diese in der Verfassung vorgesehene Bestimmung, durch die eine allgemeine Militärdienstpflicht verlangt wird, dem einzelnen verbrieft werden, bestehen darin, daß es kein von den übrigen Bürgern des Reiches gesondertes Berufsheer mit Interessen geben soll, die von jenen dieses Bürgertums abweichen, daß eben dieses allgemeine Bürgertum nicht infolge seiner Unkenntnis im Gebrauche der Waffen außerstande sein soll, einem etwaigen Mißbrauch der Heeresmacht seitens der Regierung entgegenzutreten, und daß die Regierung keine Macht haben soll, mehr zu fordern, als die Verfassung vorschreibt.

Es ergibt sich somit, daß der sogenannte deutsche Militarismus, wenn man ihn richtig versteht, nicht nur eine Pflicht des Volkes ist, sondern auch ein Recht des Volkes von höchst fundamentaler und für Deutschland höchst wesentlicher Art. Er hat seinen Ursprung in den großen Anstrengungen Preußens zur Befreiung der deutschen Staaten von den Einfällen Napoleons des Ersten. Er war daher seinem Geiste und seinem Ziele nach anfänglich defensiven Charakters, und diese Defensive richtete ihre Spitze zuerst gegen Frankreich. Aber die Vertreibung der Franzosen von deutschem Boden wurde mit Rußlands Hilfe bewerkstelligt. Dadurch erhielt Rußland Eingang in Deutschland, und sein Einfluß auf die Politik Mitteleuropas erlangte ein verhängnisvolles Übergewicht.

In der zweiten Hälfte des Jahrhunderts begannen Rußlands sogenannte panslavistische Pläne, seine Pläne zur Zertrümmerung des osmanischen Reiches und zur Eroberung Konstantinopels, Gestalt anzunehmen, und Deutschland sah sich nunmehr gezwungen, Mitteleuropa gegen die Gefahr zu verteidigen, die ihm sowohl von Osten als auch von Westen her drohte; dies ist denn auch bis zum heutigen Tage seine Aufgabe gewesen. Bis zum 1. August 1914 war die deutsche Diplomatie, die von dem deutschen Militarismus gedeckt wurde, imstande gewesen, die Gefahr im Osten und die Gefahr im Westen voneinander fern zu halten, und dem europäischen Festlande eine solche Periode des Friedens und des Wohlstandes zu gewähren, wie es sie nie zuvor genossen hatte. An jenem ereignisschweren Tage triumphierte die englische Diplomatie über die deutsche, brachte die beiden Gefahren zusammen und besiegelte ihre Vereinigung durch den Entschluß Englands, die Seemacht und den Handel Deutschlands zu vernichten.

Wir sehen also, daß der deutsche Militarismus, wenn man ihn richtig versteht, demokratisch und defensiv ist. Es ist die einzige Art des Militarismus, die sich mit Volksfreiheit und konstitutioneller Regierung vereinbaren läßt. Für die Freiheit daheim gefährlich und zu Abenteuern nach außen hin geneigt ist dagegen das dauernde Berufsheer. Überdies ist der deutsche Militarismus so entwickelt und geregelt worden, daß er sich nicht als eine wirtschaftliche Belastung, sondern vielmehr als ein wirtschaftlicher Vorteil erwiesen hat. Das kommt daher, daß das deutsche Heer nicht bloß eine Organisation für den Drill, die Disziplin und den Kampf ist, sondern auch eine Schule der allgemeinen Pflege des Körpers, durch welche sich die mittlere Lebensdauer der deutschen Männer um zehn Jahre erhöht und ihre durchschnittliche Leistungsfähigkeit für Arbeiten aller Art um fünfundzwanzig Prozent gesteigert hat; daß es eine Schule für die Pflege des Geistes ist, in welcher alle Männer außer militärischem Drill und taktischen Dingen auch Mathematik, Ingenieurkunst, Physik, Geographie und Gesundheitspflege lernen; daß es eine Schule der Moralpflege ist, welche die Entsittlichung und Ausschweifung der jungen Männer im kritischsten Alter verhindert; daß es eine Schule der Höflichkeit ist, in welcher rohe Manieren artigem Wesen Platz machen; und daß es eine Schule echter Vaterlandsliebe ist, in welcher der Geist der Kleinstaaterei der nationalen Vaterlandstreue zu weichen lernt. Diese erzieherischen und praktischen Gegenleistungen wiegen die wirtschaftlichen Lasten des deutschen Militarismus auf und unterscheiden ihn von dem Militarismus Rußlands und Frankreichs, obwohl sie alle auf demselben Grundsatz der allgemeinen militärischen Dienstpflicht beruhen. Auch das System der Befehlshaber ist weit weniger autokratisch als in den Militärsystemen Englands, Rußlands oder Frankreichs. Durch den Umstand, daß die oberen Exekutivgewalten der einzelnen Bundesstaaten daran teilnehmen, und daß der Bundesrat, das Oberhaus der gesetzgebenden Körperschaft, das ausschließliche Recht hat, eine Kriegserklärung zu bestätigen, erhält das deutsche System einen konstitutionellen Charakter und eine Begrenzung, welche die übrigen Systeme durchaus nicht besitzen.

Die kommunale und lokale Verwaltungsorganisation in Deutschland endlich ist die vollkommenste, welche die moderne Politik kennt. Ihre neuere Entwickelung begann vor etwa hundert Jahren mit der Städteordnung des Freiherrn vom Stein und fand ihre Vollendung in der sogenannten Kreisordnung, der Organisation der Kreise und Gemeinden, mit der man den Namen von Gneist verbinden kann, obgleich auch andere Männer an ihrer Entstehung teilhaben. Unter dieser Organisation hat sich das ehrlichste, wirksamste und gedeihlichste kommunale Leben gebildet und entwickelt, das die Welt je gesehen hat. Lasterhöhlen, Unwissenheit und Proletariat sind in keiner deutschen Stadt und in keiner deutschen Gemeinde zu finden, während die Verwaltung aufrichtiger demokratisch und die Verteilung der Früchte der Zivilisation gleichmäßiger und allgemeiner ist als die in irgendeinem anderen Lande herrschende.

Mir erscheint der Versuch, den man in Großbritannien und in den Vereinigten Staaten gemacht hat, Heinrich von Treitschke als den Gestalter der deutschen Institutionen und der deutschen Politik darzustellen, sehr gelinde gesagt, unehrlich. Ich habe Treitschke gut gekannt. Er ist mein Lehrer gewesen, und ich habe seine glänzende Rednergabe und sein begeistertes Nationalgefühl in höchstem Maße bewundert. Ich habe ihn niemals uneingeschränkt ernst genommen, und ich wüßte nicht, daß sonst jemand dies getan hätte. Er hat viele gesunde und verständige und viele übertriebene Aussprüche getan. Die gesunden werden indessen jetzt niemals angeführt, aber die übertriebenen werden zu Zerrbildern verkehrt. Er war ein Mann, der durch seine außerordentliche Taubheit vom praktischen persönlichen Verkehr mit der Welt in hohem Grade ausgeschlossen und eine Beute seiner eigenen Einbildungskraft war. Ich erinnere mich genau einer Unterhaltung mit ihm aus dem Jahre 1878, in deren Verlauf er mir sagte, die orthodoxe Nationalökonomie sei gegenwärtig an der Berliner Universität nicht gut vertreten; ein junger Lehrer namens Adolf Wagner aus der sozialistischen Schule führe die Studenten auf Abwege; die philosophische Fakultät der Universität habe ihn, Treitschke, nun aufgefordert, eine Reihe von Vorlesungen über Nationalökonomie als Gegengewicht gegen den Einfluß Wagners zu halten, und er sei mit der Vorbereitung zu dieser Vorlesung beschäftigt. Aber wer von uns die deutschen Einrichtungen kennt, weiß jetzt, daß Deutschland in der Entwickelung seiner volkswirtschaftlichen Einrichtungen nicht sowohl Treitschke gefolgt ist als vielmehr Wagner, und daß das demokratische soziale Renten- und Versicherungssystem, durch welches man in Deutschland zu einer gleichmäßigeren Verteilung des Wohlstandes zwischen Kapital und Arbeit gelangt ist als anderswo, wenigstens zu einem großen Teile, Wagner zuzuschreiben ist, und keineswegs Treitschke. Und trotzdem habe ich den Namen Adolf Wagner seit dem Ausbruch dieses Krieges in keiner amerikanischen Zeitung auch nur ein einziges Mal erwähnt gefunden.

Auch auf die Entwickelung der politischen Einrichtungen des Reiches hat Treitschke keinen größeren Einfluß gehabt als auf die der volkswirtschaftlichen. Wie ich ihn im Gedächtnis habe, war er ein Mitglied der nationalliberalen Partei, ein unerschütterlicher Unionist, aber der Führer jener Partei war damals Eduard Lasker, ein Mann, der für die Bildung ihrer Grundsätze und ihrer Politik und für die Sicherung der Gesetze, die diese Partei dem neuen Reiche gegeben hat, sehr viel mehr getan hat als Treitschke. Und dennoch habe ich den Namen Eduard Lasker seit dem Ausbruch dieses Krieges in keiner amerikanischen Zeitung jemals erwähnt gefunden.

Der Mann jedoch, der seit der Gründung des Reiches nächst Bismarck selbst auf die Entwickelung der politischen und rechtlichen Institutionen Deutschlands den größten Einfluß gehabt hat, war Rudolf von Gneist, Professor und Rektor an der Berliner Universität, Vorsitzender der juristischen Kommission im Reichstag und Lehrer des Prinzen Wilhelm, des jetzigen Deutschen Kaisers, in der Politik und dem öffentlichen Recht. Auch diesen Mann habe ich gut gekannt. Ich habe seine Vorlesungen besucht und in seinem Seminar gearbeitet. Er war ein großer Forscher auf dem Gebiete der englischen und amerikanischen Einrichtungen. Er hat mehrere Jahre in England zugebracht und die Arbeitsweise der englischen Regierung von ihrer höchsten bis zu ihrer letzten Instanz studiert. Er hat die beiden großen Werke „Das heutige englische Verfassungs- und

Verwaltungsrecht" und „Das englische Parlament" geschrieben, und unter dem Einflusse der in diesen Werken niedergelegten Grundsätze ist die lokale Verwaltung in Deutschland in nicht unwesentlichem Maße modifiziert und reformiert worden. Gneist war es auch, der behauptete, daß der deutsche Reichsgerichtshof, dem Wesen des geschriebenen konstitutionellen Rechtes entsprechend, die Gewalt habe, jeden Gerichtsbeschluß für nichtig zu erklären, gegen den bei ihm Berufung eingelegt würde, falls er nach seiner Ansicht dem Geiste der Verfassung zuwiderlaufen sollte, eines der grundlegendsten Prinzipien einer wirklich konstitutionellen Regierungsform, wie wir Amerikaner wohl wissen. Und dennoch habe ich seit dem Ausbruch dieses Krieges auch den Namen Gneist in keiner amerikanischen Zeitung jemals erwähnt gefunden.

Es ist alles geschehen, und zwar systematisch und anscheinend nach einem lang erwogenen und unheilvollen Plan, um dem amerikanischen Volke nicht nur eine irrige Vorstellung von den Einrichtungen, Zielen und Bestrebungen der Deutschen zu geben, sondern auch eine durchaus falsche. Aber das ist alles vergeblich und wirkungslos, kurzsichtig und ungerecht. Lincoln hat gesagt: „Man kann das ganze Volk eine Zeitlang täuschen oder einen Teil des Volkes die ganze Zeit hindurch, aber man kann nicht das ganze Volk die ganze Zeit hindurch täuschen." Das Schicksal, das diese Welt lenkt, wird über kurz oder lang diesen Schleier der Falschheit, der Täuschung und der

Heuchelei hinwegziehen und wird auf dem Vormarsche der Zivilisation von den beiden Systemen, die ich beschrieben habe, das ins Vordertreffen stellen, welches der Menschheit in ihrer Gesamtheit die größte Menge von den Früchten der Zivilisation bringen wird, und zwar in der gleichmäßigsten Verteilung unter alle Glieder des Menschengeschlechtes.

Das könnte natürlich durch friedliche Entwicklung geschehen, es ist aber in der Vergangenheit hauptsächlich durch kriegerische Umwälzungen geschehen. Und vielleicht vollzieht sich dies auch gerade jetzt. Vielleicht ist die Menschheit gerade jetzt dazu berufen, die Wahl zwischen den beiden oben bezeichneten Systemen zu treffen, oder richtiger, zu sehen, wie durch die gewaltigen Ereignisse, die sich jetzt vollziehen, diese Wahl für sie getroffen wird. Auf der einen Seite steht das System des Kolonialreiches mit seiner Oberschicht von Zehntausend, die in Wohlstand, Glanz und Luxus schwelgen, und seinen Hunderttausenden, ja Millionen, die in Unwissenheit, Not, Elend und Verbrechen ein unwürdiges Dasein führen; dieses System legt die Hand auf ein Viertel des Landgebietes der Erde und zählt ein Viertel der Menschen aller Rassen und Farben zu Untertanen; es erweitert fortgesetzt sein Gebiet durch Intrigen, Krieg und Blutvergießen; es besitzt die Herrschaft über das weite Meer und braucht, um diese aufrecht zu erhalten, eine große Flottenmacht, die in jedem Augenblicke imstande ist, die Häfen irgendeines anderen Landes zu verschließen und dieses von jeglichem Verkehr mit der Außenwelt abzuschneiden und es in vielen Fällen auszuhungern, bis es sich seinem Willen fügt; es legt die unbegrenzte Regierungsgewalt in die Hand einer kleinen Gruppe von Männern, die nur einer um wenig größeren Gruppe verantwortlich ist, in die Hand von Männern, die nicht zögern, in heimlichen Abmachungen und Abkommen folgenschwerster Art das Reich bloßzustellen; dieses System ist infolgedessen genötigt, jeden erfolgreichen Mitbewerber um den Welthandel mit Gewalt zu vernichten. Diesem System gegenüber steht das System der nationalen Staaten mit mäßigem und im wesentlichen dauerndem Landbesitz und homogener Bevölkerung, mit verfassungsmäßig beschränkter Regierungsgewalt, an der durch das Bundessystem Vertreter aller Stände teilhaben. In diesem System sind die Früchte der Zivilisation gerecht verteilt, so daß es keine Unwissenheit, keine allgemeine Verarmung und wenig Verbrechen gibt; in ihm sind Landwirtschaft und Industrie so entwickelt und halten einander so das Gleichgewicht, daß jede einzelne Nation sich selbst mit den Bedürfnissen des Lebens zu versorgen vermag; seine Fabriken beherrschen dank der Vortrefflichkeit ihrer Erzeugnisse die Märkte. Für ein solches System besteht infolgedessen keine zwingende Notwendigkeit, Kolonien und abhängige Gebiete zu besitzen, oder zur Erwerbung solcher Krieg zu führen, und für es ist die ganze Welt ein freies Feld, auf welchem Intelligenz, Fähigkeit, Ehrlichkeit und Fleiß nicht durch rohe Gewalt um ihren gerechten Lohn gebracht werden.

Welches von diesen beiden Systemen ist nun das gegebene für das zwanzigste Jahrhundert? Welches wird die Menschheit auf eine höhere Zivilisationsstufe führen? Welches ist am besten geeignet, der Menschheit Gedeihen und Frieden zu gewähren? Ich ahne, daß dies die große Frage ist, zu deren Lösung sich gegenwärtig Europa in heftigen Wehen für die menschliche Entwickelung windet, und wenn wir auch hoffen, daß wir mit Gottes Hilfe davor bewahrt bleiben mögen, an diesen Leiden tätigen Anteil zu nehmen, so können wir doch nicht umhin, unsere Interessen an dem Ausgange in weitgehendem Maße beteiligt zu sehen. Wir wollen uns vergewissern, ob wir richtig begreifen, worin diese Interessen bestehen, und wie wir ihnen am besten dienen werden.

Kapitel IV.

Die Interessen Amerikas am Ausgange des Krieges.

Ich finde die Prophezeiung, daß uns und der Welt von seiten des deutschen Militarismus irgendein furchtbares Geschick treffen könne, so oft ausgesprochen, während der englische Navalismus kaum erwähnt wird, daß ich mich verwundert frage, ob denn eine der Eigenschaften des Propheten darin besteht, daß er kein Gedächtnis besitzt. Ich glaube nicht, daß ich irgendeine der Eigenschaften des Propheten besitze, jedenfalls nicht die eben erwähnte, denn ich finde, daß ich immer ein paar Schritte rückwärts gehe, um für jeden Sprung vorwärts Richtung und Kraft zu gewinnen. Dieser Weg erscheint mir immerhin als der sicherere. Gewiß ist er es dann, wenn man eine so reiche Erfahrung besitzt, aus der man schöpfen kann, wie wir sie hinsichtlich unserer Beziehungen zum deutschen Militarismus und zum englischen Navalismus haben.

Man kann sagen, daß unsere Erfahrungen mit beiden mit unserem hiesigen Dasein beginnen und sich durch dieses erstrecken. Zu der Zeit, da wir Kolonie waren, war fast die ganze Westgrenze unseres Landes von Deutschen besetzt. Ihnen fiel daher in erster Linie die Aufgabe zu, die Kolonisten gegen die Angriffe der Franzosen und der Indianer zu verteidigen. Sie bildeten die Truppe, die damals unter dem Namen *Regiment of Royal Americans* (Regiment der königlichen Amerikaner) bekannt war; es war eher eine Brigade als ein Regiment, denn diese Truppe umfaßte an die viertausend Mann; außerdem bildeten sie die unter der Führung von Nikolaus Herkimer und Konrad Weiser stehenden Scharen. Viele unter den Männern, welche diese Truppenkörper bildeten, hatten in ihrem deutschen Vaterlande militärische Taktik und Disziplin kennen gelernt, und die Dienste, die sie dadurch leisteten, daß sie dieses kleine Heer von etwa sechstausend Mann schufen, organisierten und drillten, können nicht hoch genug eingeschätzt werden. Dadurch wurden wir in den Stand gesetzt, den Franzosen und ihren indianischen Bundesgenossen in dem Kriege erfolgreichen Widerstand zu leisten, den sie sieben Jahre hindurch, von 1756–1763, gegen uns führten, und diese Truppen lieferten den Kern für unser Revolutionsheer. Beim Ausbruch des Unabhängigkeitskrieges sammelten Herkimer, Mühlenberg und Schlatter die Deutschen in den Tälern Mohawk Valley und Virginia Valley und teilten sie für den Dienst in Kompagnien ein. Ein anderer deutscher Soldat, der Baron von Ottendorff, rekrutierte und drillte die berühmte Legion Armand. Als dann die erste Leibgarde Washingtons in den Verdacht verräterischer Neigungen und Pläne geriet, wurde sie entlassen und eine neue Leibgarde gebildet, die fast ganz aus Deutschen bestand. Diese neue Leibgarde wurde von einer berittenen Truppe unterstützt, welche ganz und gar aus Deutschen bestand und unter dem Befehl des Majors Barth von Heer, eines der besten Reiteroffiziere Friedrichs des Großen, stand. Diese Truppe stand während des ganzen Krieges Washington zur Seite, und zwölf Mann aus ihr begleiteten ihn nach seinem Rücktritt nach Mount Vernon.

Das Wertvollste aber, was wir für die Sache unserer Unabhängigkeit dem deutschen Militarismus zu danken haben, war der Baron von Steuben, der bekannte Adjutant Friedrichs des Großen. Er kam in der kritischsten Periode der Revolution zu uns, in dem furchtbaren Winter 1777–1778, als die Überreste unserer Truppen, ein kleines Häuflein zerlumpter, hungernder und entmutigter Krieger, bei Valley Forge versuchte, Leib und Seele zusammenzuhalten. Er teilte ihre Leiden mit ihnen. Er führte bei ihnen preußische Organisation, preußische Disziplin und preußischen Drill ein. In ein paar Monaten schuf er aus ihnen ein richtiges Heer, das Niederlage in Sieg wandelte und unsere Unabhängigkeit ermöglichte. Dann ging er weiter nach Süden und organisierte und disziplinierte das Heer für General Greene. Er war bei der Belagerung von Yorktown zugegen und leistete dort, als der einzige amerikanische Offizier, der jemals dem

Sturm auf einen befestigten Platz beigewohnt hatte, unschätzbare Dienste. Er hatte denn auch das Glück, in den Laufgräben den Befehl zu führen, als die britische Flagge niedergeholt wurde.

Und neben Steuben waren da der Baron von Kalb, der glänzendste Reiteroffizier, Johann Schott, der tüchtigste Artillerieoffizier, der Generalquartiermeister General Lutterloh, der Generalintendant Christoph Ludwig, lauter Deutsche, die durch die Schule des deutschen Militarismus gegangen waren. Es ist nicht zu viel gesagt, wenn man behauptet, daß der deutsche Militarismus vielleicht so viel wie nur irgendetwas sonst dazu beigetragen hat, unsern endgültigen Triumph über England in dem Kriege für unsere Unabhängigkeit möglich zu machen.

Wir haben aber um unsere nationale Existenz noch einen anderen Krieg in neuerer Zeit geführt, nämlich den Krieg von 1861–1865, den Bürgerkrieg, wie wir in den Nordstaaten ihn nennen, den Krieg zwischen den Staaten, wie er in den Südstaaten heißt. Wir wollen sehen, ob in diesem großen Kampfe der deutsche Militarismus eine Rolle gespielt hat, und, wenn dies der Fall gewesen ist, worin diese Rolle bestanden hat.

Wer nur ein wenig die Geschichte dieses Krieges kennt, weiß, daß die allerwichtigste und bedeutungsvollste Frage, die entstand und eine Lösung verlangte, die Frage nach der Stellung war, welche die Sklavenstaaten an der Grenze, nämlich Maryland, Kentucky und Missouri, in dem Kampfe einnehmen würden. Die Regierung Lincolns richtete ihr Augenmerk sehr ernstlich und sorgsam auf die Aufgabe, zu verhindern, daß diese Staaten sezessionistische Gesetze erließen, und daß sie von den Heeren der Südkonföderation besetzt würden.

Der wichtigste unter diesen Staaten war Missouri. Er war der größte; er reichte bis tief in das Herz des Nordens hinein; er beherrschte das Westufer des Mississippi auf einer Strecke von reichlich 700 km; und das große westliche Arsenal der Vereinigten Staaten mit Waffen und Munition für jenen ganzen Teil unseres Landes war in St. Louis untergebracht. Der Kriegssekretär der vorigen Regierung, Herr Floyd aus Virginia, hatte es bis zum äußersten vollgepfropft, in der Erwartung, daß es sicherlich den Südstaaten zufallen würde. Der Gouverneur des Staates, C. F. Jackson, gab den Standpunkt, den er einnehmen würde, in der Antwort zu erkennen, die er dem Präsidenten Lincoln auf dessen Einberufung des Kontingentes von Missouri zu den Truppen des ersten Aufgebotes gab. Er widersetzte sich dem Präsidenten mit den Worten: „Ihre Forderung ist nach meiner Ansicht ungesetzlich, verfassungswidrig und revolutionär in ihren Zielen; sie ist unmenschlich und teuflisch und kann nicht erfüllt werden."

Es traf sich jedoch überaus glücklich, daß der Kommandant des Arsenals ein unentwegter Unionist, Nathaniel Lyon, war. Er erkannte sofort die Gefahr der Lage. Er hatte nur drei Mann zum Schutze des Arsenals, und in der Stadt war eine ganze Kompagnie Sezessionsmiliz, die sich *Minute Men* nannte. Zwei Kompagnien der Staatsmiliz, die aus Deutschen bestanden, waren überdies kürzlich von dem General der Staatsmiliz entwaffnet worden. Unter diesen Umständen wandte sich Lyon um Rat an F. P. Blair. Blair kannte die Ansichten und Sympathien der Einwohner genau und wußte, daß er sich nur auf die Deutschen verlassen konnte, um das Arsenal und damit die Stadt und den Staat für die Union zu retten.

Die Deutschen der Stadt waren in Turnvereinen organisiert, in denen sie neben gymnastischen Übungen ihre Kenntnisse von militärischem Drill und militärischen Bewegungen wach erhalten hatten. Nach einigem Zögern, während unterdessen die auf die Besitzergreifung des Arsenals gerichteten Bewegungen der Sezessionisten immer drohender geworden waren, berief Lyon die deutschen Turner in das Arsenal, bewaffnete sie vollständig und besetzte den Platz mit ihnen. Nunmehr wurden eiligst fünf Regimenter von Deutschen organisiert und bewaffnet. Das waren die Regimenter unter dem Befehl von Blair, Börnstein, Sigel, Schüttner und Salomon. Das Arsenal und die Stadt waren nunmehr gesichert, und etwa dreißigtausend vollständige Waffenausrüstungen wurden nach Illinois hinüber gesandt, um die Truppen von Illinois zur Besetzung von Missouri zu bewaffnen. Dies war der erste große Dienst, den der deutsche Militarismus der Sache der Union in dem gefahrvollen Monat April des Jahres 1861 geleistet hat.

Ich müßte ein ganzes Buch füllen, wollte ich alle die Dienste aufzählen, die auf diesen in jenen schrecklichen vier Jahren folgten, in denen die Union erhalten und die Sklaverei vernichtet wurde. Ich weiß nicht, wie wir ohne die Deutschen, die fast Mann für Mann militärischen Drill, militärische Disziplin und militärische Organisation kannten, unsere Heere für die Aufgabe, zu der sie berufen waren, hätten vorbereiten können. Die Bevölkerung des Nordens war an den Gebrauch der Waffen nicht gewöhnt, verstand wenig von militärischer Organisation und war gegen die Disziplin störrisch. Wir hatten unsere *Westpointer* (Zöglinge der Kadettenanstalt und Kriegsakademie in West Point; d. Übers.), und sie waren gut; aber sie waren an Zahl viel zu gering, um die gewaltigen Mengen der ungeübten Rekruten auszubilden, die nunmehr zu den Waffen einberufen wurden. Die zweihunderttausend geborenen Deutschen, die in unseren Heeren dienten, waren fast alle im Gebrauch der Waffen erfahren und an die Strenge militärischer Disziplin gewöhnt. Ein sehr großer Teil von ihnen wurde als Offiziere beschäftigt, um unsere Männer das Soldatenhandwerk zu lehren. Unter den Auszubildenden waren nahezu vierhunderttausend Mann deutscher Abkunft, und viele von diesen wurden infolge ihrer Übungen in ihren Turn- und Schützenhallen von allen unseren Freiwilligen am schnellsten zu leistungsfähigen Soldaten.

Das deutsche und deutsch-amerikanische Kontingent in unseren Armeen belief sich somit alles in allem auf etwa fünfhunderttausend Soldaten. Sie standen unter der Führung von Männern wie Heinzelman, Rosecrans, Schurz, Sigel, Osterhaus, Willich, Hartranft, Steinwehr, Wagner, Hecker und tausend anderen. Frau Jefferson Davis, die Gattin des Präsidenten der Konföderierten, hat mir oft gesagt, daß der Norden die Heere der Konföderation ohne die Deutschen niemals hätte besiegen können. Und wäre das damals nicht geschehen, so wäre unser Kontinent seither der Schauplatz ständiger Kriege gewesen, und nicht die Heimstätte des Friedens.

Wir wollen nunmehr diesen großen Diensten, die der deutsche Militarismus unserer Unabhängigkeit und unserer nationalen Existenz geleistet hat, das Unrecht gegenüberstellen, das der englische Navalismus, von dem englischen Militarismus gar nicht zu reden, uns zugefügt hat.

Wir wollen mit der Unabhängigkeitserklärung beginnen, denn ich halte es immer noch für angebracht, in unseren Vereinigten Staaten dieses Dokument zu erwähnen. In diesem Dokument finden wir folgenden Satz: „Er", das heißt der König, die englische Regierung, „hat unsere Meere geplündert, unsere Küsten verwüstet, unsere Städte niedergebrannt, unseren Handel mit allen Weltteilen unterbunden." Vielleicht mag heutzutage die Ansicht herrschen, daß wir damals seine Untertanen waren, und daß er mit uns nach seinem Willen verfahren konnte. Ich will deshalb nicht länger bei der Behandlung verweilen, die wir während unserer Kolonialperiode von seiten der englischen Regierung erfahren haben.

Kaum waren wir durch erfolgreichen Widerstand von England unabhängig geworden, da begann England, uns zur See auf jede mögliche gesetzliche und ungesetzliche Weise dauernd zu beunruhigen. Seine Kriegsschiffe hielten unsere Kauffahrteischiffe an, einerlei, wohin diese fuhren, und was für Ladung sie führten. Und sie nahmen ihnen nicht nur das fort, was ihre Offiziere als Kriegsbannware bezeichneten, sondern sie nahmen ihnen auch unsere Mannschaften fort und reihten sie zwangsweise in die englische Marine ein unter der Behauptung, sie seien englische Bürger. Diese Behauptung war, wenigstens in den meisten Fällen, unwahr, und sie hätten, ob sie nun englische Bürger waren oder nicht, rechtlich nicht von amerikanischen Schiffen genommen werden dürfen. Die englische Flotte ging dabei so weit, daß sie mit Gewalt unsere eigenen Kriegsschiffe anhielt und nach englischen Seeleuten durchsuchte, und in mehreren Fällen, besonders in dem Falle unserer Fregatte Chesapeake, am 22. Juni 1807, nahm sie tatsächlich unsere eigenen Leute von unseren Kriegsschiffen fort und stellte sie zwangsweise in den Dienst der englischen Flotte ein.

Zu jener Zeit war England ab und zu mit Frankreich in Krieg verwickelt, und es hatte in solchen Zeiten natürlich das Recht, die französischen Häfen und die Häfen der Verbündeten Frankreichs zu blockieren. Aber es gab ein Blockaderecht, welches als Bedingung für eine solche

Lage verlangte, daß vor dem blockierten Hafen bewaffnete Schiffe in genügender Menge vorhanden sein müssen, um gewöhnliche Versuche, in den Hafen einzulaufen, zurückzuweisen, und daß das tatsächliche Vorhandensein einer Blockade bekannt gegeben sein muß. England kümmerte sich um diese Einschränkungen nicht. Es erklärte alle Häfen Frankreichs, seiner Verbündeten und seiner Kolonien als blockiert, einerlei, ob sie es wirklich waren oder nicht, und es griff unter anderen amerikanische Schiffe auf hoher See auf unter der Behauptung, daß sie nach Häfen bestimmt seien, die seitens Englands als unter Blockade stehend erklärt worden seien, oder daß sie als Ladung Produkte oder Erzeugnisse von Ländern führten, die mit England in Feindschaft lebten. Die englische Regierung erließ auch die vollständig willkürliche Verordnung, daß der Verkehr zwischen einem Lande und seinen Kolonien, der in Friedenszeiten den Schiffen anderer Nationen nicht erlaubt sei, ihnen während eines Krieges zwischen diesem Lande und einer andern Macht seitens dieses Landes nicht freigegeben werden dürfe. Zwanzig Jahre lang, von 1792 bis 1812, brachte England alle diese Praktiken in ungesetzlicher, willkürlicher und anmaßender Weise gegen uns zur Anwendung, bis wir es uns schließlich nicht länger gefallen lassen konnten und ihm den Fehdehandschuh hinwarfen.

Der Krieg begann für uns zur See recht erfolgreich, ja beinahe glänzend. Unsere unvorbereitete Flotte vollbrachte zunächst ausgezeichnete Leistungen, aber zu Beginn des Jahres 1814 war uns auf dem Meere kaum noch ein Schiff übrig geblieben. Überdies hatte die englische Flotte von ihrer Regierung den ausdrücklichen und klaren Befehl erhalten, „alle Städte und Distrikte der Vereinigten Staaten, die sich dem Angriff der englischen Kriegsmacht zugänglich erweisen würden, zu zerstören und zu verwüsten", und sie befolgte diese Anweisungen wirksam. Von der Bay of Fundy bis zum Chesapeake wurden unsere Häfen blokkiert und unsere Städte in Asche gelegt, und schließlich wurde durch die Expedition auf den Chesapeake die Stadt Washington eingenommen, und das Kapitol, der Wohnsitz des Präsidenten, und die öffentlichen Gebäude wurden geplündert und bis auf den Grund niedergebrannt. Nach Beendigung des Krieges von 1812–1815 besaßen wir weder eine Kriegs- noch eine Handelsflotte, und in dem Friedensvertrage verzichtete England auf keine seiner willkürlichen Methoden zur See. Der Krieg brachte wenig Erlösung von der Tyrannei des englischen Navalismus.

Während der nächsten vier Jahrzehnte bauten wir langsam und unter großen Schwierigkeiten unsere neue Kriegs- und Handelsflotte, und im Jahre 1860 bestand wieder einige Aussicht für uns, eine Seemacht zu werden. Da kam der Ausbruch des Bürgerkrieges, und England erblickte darin wieder eine Gelegenheit, uns abermals zu schwächen. Kaum einen Monat nach Beginn des Krieges hatte es die Südkonföderation bereits als kriegführende Macht anerkannt. Die Konföderation hatte keine Flotte, aber sie hatte einige Kaperschiffe konzessioniert, die in den ersten paar Monaten des Aufstandes eine erhebliche Zahl unserer Kauffahrteischiffe aufbrachten. In sehr kurzer Zeit jedoch wurden alle diese Kaperschiffe entweder von den Schiffen der Flotte der Vereinigten Staaten aufgebracht oder durch die völlig effektive Blockade in den Südhäfen eingeschlossen. Es bestand daher keine Wahrscheinlichkeit dafür, daß irgendeine fremde Macht in irgendwelche Berührung mit der Konföderation kommen könnte, und daher auch keine Notwendigkeit, sie als kriegführende Partei oder als sonst etwas anzuerkennen.

Als unser neu ernannter Gesandter in England, Herr Charles Francis Adams, am 13. Mai 1861 in Liverpool ankam, trat man ihm mit dieser Erklärung der Anerkennung der Konföderation des Südens als kriegführende Partei entgegen. Er sah auf den ersten Blick, daß die Regierung Lord Palmerstons, um mich eines späteren Ausdrucks Gladstones zu bedienen, „die Trennung" — d. h. die Zerteilung unseres Landes — „als eine Schwächung einer gefährlichen Macht ersehnte." Es schien Herrn Adams, als könne die englische Anerkennung der Unabhängigkeit der Konföderation jeden Augenblick folgen. Die Antisklavereineigung in England, auf die er gerechnet hatte, schien durch etwas anderes vollständig verdunkelt zu sein, und dieses andere war, wie er alsbald herausfand, nichts höheres als Handelsneid.

Die englische Regierung und die englische Nation

waren von der Aussicht erfüllt, den Handel und Verkehr mit der Baumwolle erzeugenden Südkonföderation zu monopolisieren, und hatten für weiter nichts Auge und Ohr. Derartige Beweggründe suchen sich gewöhnlich hinter einem Bekenntnis der Tugendhaftigkeit oder hinter gewaltiger Empörung über die angebliche Ungerechtigkeit anderer zu verbergen. Herr Adams fand, daß dieses Unrecht der Amerikaner, mit dem Regierung und Volk ihre Absichten zu verschleiern suchten, das Zerrbild der Persönlichkeiten eines Lincoln und eines Seward war. Herr Henry Adams, der Sohn und Privatsekretär unseres Gesandten, schrieb damals: „London schuf sich selbst einen Nachtmahr und gab ihm die Gestalt Abraham Lincolns. Daneben stellte es einen, wenn möglich noch teuflischeren Dämon und nannte ihn Herr Seward. Hinsichtlich dieser beiden Männer schien die englische Gesellschaft den Verstand verloren zu haben. Jede Verteidigung war nutzlos, jede Erklärung vergeblich; man konnte nichts weiter tun, als die Raserei sich austoben lassen. Die besten Freunde waren ebenso unvernünftig wie die Feinde, denn der Glaube an die Brutalität des armen Herrn Lincoln und an die Grausamkeit Herrn Sewards wurde zu einem Glaubensdogma für das Volk . . . Die *Times* in London und ihr Gefolge verrichteten, wie gewöhnlich, für den Staatssekretär des Auswärtigen die gelbe Arbeit, indem sie jeden Morgen mit großen Lettern Überschriften druckten wie „Eine neue verhängnisvolle Niederlage der

Föderierten"; und die Minister im Kabinett riefen einander fröhlich zu, daß „die Föderierten einen neuen Schlag erlitten hätten."

Die erste richtige Gelegenheit für die Engländer, ihre öffentliche Gesinnung zu zeigen, kam mit der Angelegenheit des Trent im November 1861. Unser Kapitän Wilkes hatte seine Kenntnisse des Völkerrechtes hinsichtlich der Kriegsbannware aus englischen Handbüchern geschöpft und geglaubt, sowohl englische Grundsätze als auch englische Präzedentien für sich zu haben, als er die Gesandten der Konföderierten, Mason und Slidell, von Bord des englischen Kauffahrteischiffes Trent nahm und sie auf seinem eigenen Schiffe als Gefangene nach Boston brachte. Er hatte den kleinen Fehler begangen, nicht auch die Trent mitzunehmen und Schiff und Gesandte zusammen dem Spruch eines Prisengerichtes der Vereinigten Staaten zu unterstellen. Bei der bestehenden Erregung der englischen Regierung genügte dies indessen, um zu Kundgebungen zu führen.

Sobald die Nachricht von Wilkes Tat nach England gelangte, begann man dort sofort zum Kriege zu rüsten, trotzdem Herr Adams der englischen Regierung mitteilte, er habe von Washington Instruktionen erhalten, die Verantwortung für dieses Vorgehen abzulehnen und die Bereitwilligkeit zur Erörterung des Falles auszudrücken. Die Arsenale hallten von Tätigkeit wider, und Truppen wurden nach Amerika eingeschifft. Wir ließen die Gesandten der Konföderierten sofort frei, und die englische Regierung konnte zusehen, wie diese Gelegenheit ihr entschlüpfte.

Herr Adams und die Regierung in Washington kannten indessen von nun an die feindlichen Gesinnungen, denen sie bei jeder Gelegenheit zu begegnen gezwungen sein würden. Es war Herrn Adams völlig klar, daß die englische Regierung unter der Führung von Palmerston, Russell und Gladstone unter der Voraussetzung arbeiten und weiter arbeiten würde, daß die Südkonföderation eine vollzogene Tatsache wäre. Zweifellos hatte er diese Information an Herrn Seward weitergegeben, der unseren gewiegtesten Staatsmann, Thurlow Weed, und unseren gewiegtesten Juristen, William E. Evarts, hinübersandte, um die Staatsmänner und das Volk von ihrer irrtümlichen Meinung abzubringen und Herrn Adams beizustehen, damit er nicht in die Schlingen gehen möge, die für ihn gelegt worden waren. Er hatte sie beide nötig.

Bereits in den Monaten, als der Meinungsaustausch über die Angelegenheit des Trent seinen Verlauf nahm, kam ein gewisser James D. Bulloch als Agent der Südkonföderation nach England, um den Bau und die Ausrüstung einer konföderierten Flotte zu betreiben. Die Gesetze Englands wurden so ausgelegt, daß sie dies mit Hilfe der einfachen Ausflucht zuließen, daß Schiff und Bestückung getrennt blieben, bis sie die Grenze des britischen Hoheitsgebietes überschritten hatten. Und die englische Regierung erkannte außer den Parlamentsakten oder besonderen vertraglichen Verpflichtungen keinerlei Völkerrecht an.

Trotz der Proteste von Adams, daß England zum mindesten die Neutralitätspflicht verletze, wenn es den Bau von Kriegsschiffen in seinen Häfen für die Konföderierten gestatte, die nach Englands eigener Auffassung kriegführende Partei und damit unsere Feinde wären, ließ die englische Regierung die Arbeiten fortschreiten, bis eine Anzahl von Kreuzern von ganz gewaltigem Typ gebaut und ausgerüstet waren und auf die Handelsflotte der Vereinigten Staaten losgelassen wurden, um sie zu vernichten; und sie vernichteten sie recht gründlich zum Vorteil des englischen Seehandels.

Ermutigt durch den Erfolg ihrer eigenen Willkür und durch unsere Unfähigkeit, unter dem Zwange unseres Streites daheim, dieser Willkür zu begegnen, wurde die englische Regierung immer rücksichtsloser und anmaßender. Im Jahre 1863 baute die Firma Lairds in Birkenhead innerhalb des Hoheitsgebietes der englischen Regierung für die Konföderierten eine Anzahl vollständig ausgerüsteter Dampframmschiffe. Herr Adams protestierte bei Lord Russell mit der ganzen Energie seiner kraftvollen Persönlichkeit, aber anfänglich vergebens. Mitten in diese Auseinandersetzung hinein kamen indessen die Nachrichten von Gettysburg und Vicksburg. Herr Adams machte sich die Wirkung dieser Siege auf die Gesinnung der Minister und auf die öffentliche Meinung in England zunutze und richtete an Lord Russell seine berühmte Note vom 5. September 1863, in welcher er die englische Regierung klar und deutlich der Begünstigung der Rüstungen der Konföderierten anklagte und seine Mitteilung mit den Worten schloß: „Es erübrigt sich für mich, Eurer Lordschaft klarzulegen, daß dies Krieg ist." Das war eine Sprache, welche die englische Regierung verstand, und drei Tage später empfing Herr Adams von Lord Russell die Mitteilung, daß seine Regierung Auftrag erteilt habe, die Abfahrt der beiden Panzerschiffe zu untersagen.

Dieser Schritt vermochte indessen nicht, die Empörung des Volkes in den Vereinigten Staaten gegen die englische Regierung und das englische Volk zu beruhigen, und der Wunsch, an diese Regierung entschiedene Forderungen zu stellen und diese durch die große Heeresmacht zu stützen, mit der die Union aus dem Bürgerkriege hervorgegangen war, war ganz allgemein und stark ausgeprägt. Die englische Regierung sah, daß es uns Ernst war, und willigte im Januar 1869 in einen Vertrag mit uns; diesen erachtete der Senat der Vereinigten Staaten als ein unzulängliches Versprechen einer Genugtuung für die uns zugefügten Kränkungen und verwarf ihn ohne weiteres.

In seiner Botschaft an den Kongreß vom 6. Dezember 1869 brandmarkte Präsident Grant dieses vorgeschlagene Abkommen in ganz schonungsloser Weise. Er sagte:

„Gegen das Ende der letzten Verwaltungsperiode wurde in London zur Erledigung aller noch offenen Streitpunkte zwischen England und den Vereinigten Staaten ein Abkommen unterzeichnet, welches die Befürwortung und die Zustimmung des Senates zur Ratifizierung nicht zu erlangen vermochte. Die Zeit und die Umstände, unter denen die Verhandlungen über diesen Vertrag geführt wurden, waren für seine Annahme durch das Volk der Vereinigten Staaten nicht günstig, und die in ihm vorgesehenen Bestimmungen waren völlig ungeeignet für die Beilegung des schweren Unrechts, das unsere Regierung wie unser Volk erlitten haben. Die Schäden, die sich für die Vereinigten Staaten aus dem Verfahren ergeben haben, das England während unseres jüngsten Bürgerkrieges eingeschlagen hat, und zwar in Gestalt der erhöhten Versicherungsgebühren, der Verminderung von Ein- und Ausfuhr und anderer Störungen der heimischen Industrie und Produktion, in Gestalt der Einflüsse auf den Außenhandel des Landes, der Verringerung unserer Handelsflotte *und deren Übergang an Großbritannien,* der Verlängerung des Krieges und der gesteigerten Kosten an Gut und Blut, die zu seiner Beendigung erforderlich waren, alle diese Schäden ließen sich nicht wie gewöhnliche kommerzielle Ansprüche regeln und sühnen, wie solche zwischen handeltreibenden Nationen beständig auftreten; dennoch behandelte das Abkommen sie wie solche gewöhnliche Ansprüche, von denen sie sich durch ihren schweren Charakter noch weit mehr unterscheiden als durch die Größe ihres Betrages, so groß auch dieser letztere Unterschied ist. In dem Vertrage ist nicht ein Wort zu finden, es läßt sich aus ihm nicht eine Folgerung ziehen, die geeignet wäre, das Gefühl von der unfreundlichen Handlungsweise Englands gegen uns in dem Kampfe um unsere Existenz zu beseitigen, das sich in der Bevölkerung dieses Landes so tief und so allgemein festgesetzt hat. In dem Glauben, daß ein Abkommen, das die Endziele so falsch versteht, und das in den vorgesehnene Bestimmungen so wenig den Verhältnissen Rechnung trägt, nicht die herzliche und aufrichtige Beilegung der schwebenden Fragen herbeigeführt haben würde, die allein mit den Beziehungen verträglich sind, wie ich sie zwischen den Vereinigten Staaten und England hergestellt und gefestigt sehen möchte, betrachte ich den Schritt des Senates, diesen Vertrag abzulehnen, als klugen Schritt im Interesse des Friedens und als einen notwendigen Schritt in der Richtung auf eine vollkommene und herzliche Freundschaft zwischen den beiden Ländern. Ein fein empfindendes Volk, das sich seiner Macht bewußt ist, fühlt sich wohler in dem Bewußtsein eines völlig ungesühnten schweren Unrechtes als unter dem Zwange einer Beilegung, welche weder sein Gerechtigkeitsgefühl noch sein ernstes Gefühl für die Kränkungen befriedigt, die es erlitten hat."

England ließ diese Klage praktisch unberücksichtigt, und es verging noch ein weiteres Jahr, in welchem die Beziehungen zwischen den beiden Ländern gespannter wurden. Da machte Präsident Grant am 5. Dezember 1870 im Kongreß folgende Mitteilung:

„Ich bedaure, sagen zu müssen, daß die Bestrebungen zur Regelung der Klagen gegen England, die sich aus dem von jener Regierung während des Aufstandes befolgten Verfahren ergeben haben, zu keinem Abschluß gelangt sind. Das Londoner Kabinett scheint, so weit seine Ansichten zum Ausdruck gelangt sind, nicht gewillt, zuzugeben, daß die Regierung Ihrer Majestät sich während des Krieges einer Vernachlässigung schuldig gemacht habe, oder irgendeinen Akt begangen oder geduldet habe, der den Vereinigten Staaten gerechten Grund zur Klage gebe. Unsere feste und unerschütterliche Überzeugung ist gerade die entgegengesetzte. Ich empfehle daher dem Kongreß, die Ermächtigung zur Einsetzung einer Kommission zwecks Beweiserhebung über die Größe dieser verschiedenen Ansprüche und das Eigentumsrecht an ihnen und zwecks Bekanntgabe an den Vertreter Ihrer Majestät in Washington zu erteilen, und ferner die Ermächtigung zur Regelung dieser Ansprüche, so daß das Eigentumsrecht an den privaten Ansprüchen, sowie auch die verantwortliche Kontrolle über alle Forderungen an England hiermit auf die Regierung übergehen sollen."

Der Präsident hatte den Augenblick gut gewählt, diese Warnung an England gelangen zu lassen. Das französische Kaiserreich lag im Staube, und die deutschen Heere hatten Paris eingeschlossen. Bei der bekannten Freundschaft, die zwischen Deutschland und den Vereinigten Staaten bestand, war dies keine Zeit für England, eine Fortdauer der Uneinigkeit mit uns zu riskieren. Anfangs Januar 1871 erschien in Washington ein Spezialgesandter der englischen Regierung, Sir John Rose. Das Ergebnis der Verhandlungen, die sich aus diesem Schritte entwickelten, war der Vertrag von Washington zwischen England und den Vereinigten Staaten von 1871. Nach diesem Vertrage sollten alle die Fragen, die aus den Zwistigkeiten zwischen England und den Vereinigten Staaten wegen der Vorfälle im Bürgerkriege entstanden waren, einem Schiedsgericht aus fünf Mitgliedern zur Entscheidung vorgelegt werden. Von diesen Mitgliedern sollte eines von dem Präsidenten der Vereinigten Staaten ernannt werden, eines von der Königin von Großbritannien und Irland, eines vom König von Italien, eines vom Schweizer Bundespräsidenten und eines vom Kaiser von Brasilien. Die Frage der Nordwestgrenze der Vereinigten Staaten sollte dem Deutschen Kaiser vorgelegt werden, und die Frage der Fischereirechte einem Ausschuß von drei Kommissaren, von denen einen der Präsident der Vereinigten Staaten, einen die Königin von England und den dritten der Präsident und die Königin gemeinsam ernennen sollten, und für den Fall, daß sie sich nicht sollten einigen können, der Gesandte Österreich-Ungarns am englischen Hofe.

Als das Genfer Schiedsgericht zusammentrat und die Vereinigten Staaten ihm ihre Ansprüche vorlegten, lehnte die englische Regierung es schlechtweg ab, der schiedsrichterlichen Entscheidung die Ansprüche für solche Verluste zu unterbreiten, die als „nationale und mittelbare Verluste" bezeichnet wurden, das heißt für „Verluste aus dem Übergange der amerikanischen Handelsflotte unter die englische Flagge, aus der Zahlung höherer Versicherungssummen und aus der Verlängerung des Krieges und der ganz erheblichen Vermehrung der Kosten des Krieges und der Unterdrückung des Aufstandes". Das Schiedsgericht verkündete, daß es sich gezwungen sehe, diese Ansprüche auszuschalten, da das Völkerrecht keine rechte Grundlage für die Schätzung und Gewährung von Schadenersatz enthalte. Das Schiedsgericht sprach uns eine sehr mäßige Summe als Ersatzleistung für unmittelbare private Verluste zu, aber die viel größeren nationalen und mittelbaren Verluste sind niemals im geringsten Maße beglichen oder gesühnt worden.

Die Grenzfrage zwischen den Vereinigten Staaten und Britisch-Kolumbien, die dem Deutschen Kaiser vorgelegt worden war, wurde von Sr. Majestät in einem im Oktober 1872 verkündeten Schiedsspruch erledigt, der den Anspruch der Vereinigten Staaten anerkannte.

Die Fischereifrage dagegen liefert ein weiteres Beispiel für die englischen Praktiken in der Diplomatie. Als es zur Ernennung der Kommissare kam, ernannte der Präsident einen, die englische Regierung einen, und als drittes, von den beiden Regierungen gemeinsam zu ernennendes Mitglied schlug die englische Regierung den Vertreter Belgiens in den Vereinigten Staaten, einen Herrn Maurice

Delfosse, vor. Präsident Grant lehnte Delfosse ab mit der Begründung, daß die Interessen Englands und Belgiens zu eng miteinander verknüpft seien. England wollte keine von den Vereinigten Staaten vorgeschlagene Persönlichkeit annehmen, und so fiel denn, nach den im Vertrage vorgesehenen Bestimmungen, die Wahl des dritten Kommissars dem Botschafter Österreich-Ungarns am englischen Hofe, dem Grafen Beust, zu. Er hätte natürlich von der englischen Regierung benachrichtigt sein sollen, daß Delfosse ausgeschlossen sei. Ob er hiervon benachrichtigt worden war oder nicht, wissen wir nicht, aber jedenfalls schlug er ihn gleichfalls als dritten Kommissar vor.

Unsere Regierung war überrascht, aber unser Staatssekretär, Herr Fish, empfand die Schwierigkeit, der Ernennung des belgischen Vertreters in Washington noch weiter entgegenzutreten, als zu groß und machte gute Miene zum bösen Spiel. England hatte sich somit zwei von den drei Kommissaren gesichert, und diese schritten dazu, ihm eine Zahlung von fünf Millionen fünfhunderttausend Dollars seitens unserer Regierung zuzubilligen. Es war ein willkürliches Verfahren, und unser Vertreter, Hon. E. H. Kellogg, wich mit seiner Meinung lebhaft von der Entscheidung ab; aber die Gegner hatten den Buchstaben des Gesetzes für sich, und wir hatten uns zu fügen.

So hat England in weniger als hundert Jahren unserer Geschichte dreimal unsere Handelsflotte vernichtet, und wir haben uns von der letzten Erfahrung noch immer nicht erholt. Der Wettbewerb, in den die Deutschen in den siebziger und achtziger Jahren des vorigen Jahrhunderts einzutreten begannen, erwies sich als eine große Erleichterung für uns. Mit dem Anwachsen der deutschen Handelsflotte wurden die Frachtsätze herabgesetzt und die Bequemlichkeiten des Reisens sehr verbessert, und wir waren in der Lage, unseren Außenhandel und unseren Verkehr mit Nutzen in fremden Schiffen weiter zu führen. Aber nachdem England nunmehr entschieden hat, daß die Interessen seines Weltreiches diesen Wettbewerb nicht länger ertragen können, hat es den deutschen Handel zu Boden geschlagen und untersagt uns, die internierten Schiffe zu kaufen, um damit unseren Außenhandel weiter zu führen, unter Androhung ihrer Wegnahme durch die englische Flotte.

Wie vieler weiterer Beispiele bedarf es noch, um uns zu beweisen, daß das System des Kolonialreiches mit der Herrschaft über die Meere und der unbegrenzten Gebietserweiterung, die es für sich beansprucht, mit der Freiheit und dem Gedeihen der Welt nicht vereinbar ist? Kann irgendein Amerikaner mit halbwegs klarem Blick umhin, zu sehen, daß unser größtes Interesse an dem Ausgange dieses Krieges darin besteht, daß das Meer frei und neutral werde, und daß eine Überwachung des Meeres, falls solche erforderlich sein sollte, international werde; daß die offene Tür für den Handel und Verkehr an die Stelle der kolonialen Beschränkungen oder Bevorzugungen oder Einflüsse trete und in Friedenszeiten das allgemeine Prinzip werde;

daß das Privateigentum auf hoher See unverletzlich werde; daß der Handel zwischen Neutralen in Kriegszeiten völlig unbeschränkt werde, und daß der Begriff der Kriegsbannware eine internationale Umgrenzung erhalte?

Zweitens, welcher Amerikaner mit halbwegs klarem Blick kann nicht sehen, daß die Zerstörung des Deutschen Reiches und das Aufrücken Rußlands an die maßgebende Stelle in Mitteleuropa, oder auch nur die Minderung des Einflusses des Deutschen Reiches zugunsten Rußlands – zwei Möglichkeiten, von denen eine notwendig die Folge des Sieges der Verbündeten in diesem Kriege werden muß, – für die amerikanischen Interessen zum Schaden sein und mit den amerikanischen Idealen in Widerspruch stehen würde? Wir wollen die engen Bande der Erziehung zwischen Deutschland und den Vereinigten Staaten ganz aus dem Spiele lassen, die enger sind als die zwischen uns und irgendeinem anderen Lande bestehenden, ebenso die Stammessympathien eines großen Teiles unserer besten Bevölkerung, und wollen nur die praktischen und materiellen Interessen ins Auge fassen, die hier in Frage kommen.

Erstens vermittelt die deutsche Handelsflotte uns unseren Handel in größerem Umfange als alle gegenwärtig mit Deutschland im Kriege liegenden Länder des europäischen Festlandes und hat uns größere Dienste geleistet als irgendeines dieser Länder. Und zweitens übertrifft der Handel Deutschlands mit uns um einen Betrag von nahezu fünfzig Millionen Dollars jährlich unseren Handel mit

8*

Frankreich, Rußland, Belgien, Serbien und Montenegro, den fünf gegenwärtig mit Deutschland kriegführenden Nationen auf dem europäischen Festlande, zusammen genommen.

Haben wir nicht den Wunsch, uns diesen wertvollen Handel zu erhalten?

Wünschen wir zu sehen, wie sich die lähmende Hand des Moskowiters auf diese reiche Einkommensquelle für uns legt?

Aber einige allwissende Zeitungsschreiber sagen, das deutsche Volk wird noch da sein, nur das Deutsche Reich als politische und Regierungsorganisation wird vernichtet werden. Aber ich bezweifle sehr stark, daß das deutsche Volk da sein wird, nachdem das Deutsche Reich vernichtet sein wird. Ich glaube, sie werden miteinander stehen oder fallen, denn das Deutsche Reich ist die nationale, von ihm selbst eingesetzte Organisation des deutschen Volkes, und das Volk weiß selbst, daß es ohne das Reich nicht als Volk in Mitteleuropa würde bestehen können. Die Deutschen werden das Reich erhalten, so lange noch ein Atemzug in ihnen lebt, und sie werden sich, in seine Fahnen gehüllt, zum Sterben niederlegen, ehe sie sich unter die Herrschaft der Slawen, der Gallier oder der Briten beugen.

Ich habe im vorigen Kapitel kurz geschildert, was dieses Deutsche Reich als Regierungseinrichtung ist, aber um dies meinen Lesern noch tiefer einzuprägen, führe ich hier an, was Präsident Grant bald nach der Gründung des

Reiches in einer Sonderbotschaft an den Kongreß vom 9. Februar 1871 darüber gesagt hat.

„Die Vereinigung der deutschen Staaten zu einer Regierungsform, die in vieler Hinsicht jener der amerikanischen Union ähnelt, ist ein Ereignis, das nicht verfehlen kann, in der Bevölkerung der Vereinigten Staaten rege Sympathien zu erwecken.

Die Vereinigung ist zustande gebracht worden durch die lange Zeit fortgesetzten beharrlichen Bemühungen des Volkes, unter der wohlerwogenen Zustimmung der Regierungen und der Bevölkerung von vierundzwanzig[1]) der deutschen Staaten durch deren regelrecht zusammengesetzte Vertretungen. In diesem Bunde erblickt das amerikanische Volk einen Versuch, in Europa einige der besten Züge seiner eigenen Verfassung mit solchen Abänderungen nachzubilden, wie sie durch die Geschichte und die Verhältnisse Deutschlands erfordert zu werden scheinen. Die inneren Verwaltungen der einzelnen Glieder des Bundes werden beibehalten, während die dem Oberhaupt übertragene Gewalt diesem die Kraft für die Zwecke der Selbstverteidigung verleiht, ohne die Berechtigung, zu Eroberungszwecken oder aus ehrgeizigen Beweggründen Krieg zu beginnen.

Die lang gehegte Sehnsucht nach nationaler Einheit, die seit Generationen die vielen Millionen eines Volkes erfüllt hat, die die gleiche Sprache sprechen, die ein eng zu-

[1]) fünfundzwanzig. J. W. B.

sammenhängendes Gebiet bewohnen, die aber durch dynastische Eifersüchteleien und durch die ehrgeizigen Bestrebungen kurzsichtiger Herrscher getrennt und zerstückelt waren, diese Sehnsucht hat ihr Ziel erreicht, und Deutschland umfaßt jetzt eine Bevölkerung von etwa 34 Millionen, die, gleich der unserigen, hinsichtlich ihrer Beziehungen zu anderen Mächten unter einer Regierung vereinigt ist, dagegen in ihren einzelnen Gliedern auch fernerhin das Recht und die Macht besitzt, die inneren Interessen, Gewohnheiten und Einrichtungen zu regeln.

Die Vereinigung großer Massen eines klugen und freien Volkes unter einer einzigen Regierung muß dahin wirken, die Regierungen zu dem zu machen, was sie einzig und allein sein sollten, nämlich zu Vertretungen des Willens und zur Organisation der Macht des Volkes. Die Annahme des amerikanischen Bundessystems in Europa, unter der Kontrolle und Leitung eines freien und zur Selbstbeherrschung erzogenen Volkes, kann nicht verfehlen, volkstümliche Einrichtungen zu verbreiten und den friedlichen Einfluß amerikanischer Ideen zu erweitern."

Solcher Art war die Organisation des Deutschen Reiches zu Beginn, und so ist sie bis auf den heutigen Tag geblieben. Wie kann ein echter Amerikaner, dem noch ein Körnchen gesunden Menschenverstandes und ein Fünkchen wahrer Vaterlandsliebe geblieben sind, angesichts aller dieser Tatsachen, sofern er nicht von Vorurteilen verblendet oder von Heuchelei erfüllt ist, mit Wohlwollen, oder auch nur mit Teilnahmslosigkeit ansehen, daß die moskowitische Selbstherrschaft an die Stelle dieses großen deutschen Regierungs- und Wirtschaftssystems in Mitteleuropa tritt, oder daß dieses System auch nur im geringsten Maße unter den Einfluß der moskowitischen Selbstherrschaft gerät? Welches amerikanische Interesse könnte nach seiner Ansicht dadurch gefördert werden? Welche amerikanische Idee könnte davon Vorteil haben? Sollte ein solcher Amerikaner mir gegenübertreten, so muß ich bekennen, ich wüßte nicht, was ich ihm sagen sollte. Denn, offen gesagt, es würde mir scheinen, daß er infolge irgendeines unheilvollen ausländischen Einflusses die amerikanischen Interessen vollständig außer acht ließe. Mir erscheint es unbestreitbar, daß jedes wahre amerikanische Interesse moralischer und materieller Art die Aufrechterhaltung des Deutschen Reiches in seiner gegenwärtigen Organisation und Machtstellung in Mitteleuropa verlangt. Weder die verhüllte Autokratie des Ostens noch die gallische Republik im Westen darf man im gleichen Atem mit dem Deutschen Reiche als Quelle wahrer Freiheit, wirklichen Fortschrittes und allgemeiner Wohlfahrt nennen.

Schließlich hat noch eine für das Volk unserer Vereinigten Staaten ungemein wichtige Frage mit dem Ausgange dieses Krieges zu tun. Das ist die Frage: Welche Haltung hat der nordamerikanische Kontinent in Zukunft gegenüber der Diplomatie und den Kriegen in Europa einzunehmen?

Wir hatten eine Doktrin, die in gewissem Grade dazu

bestimmt und darauf berechnet war, die amerikanischen Kontinente von europäischen Verwickelungen fern zu halten. Sie wurde zuerst angewandt, um zu verhindern, daß Spanien und Portugal die koloniale Abhängigkeit Süd- und Mittelamerikas von Europa wiederherstellten, und daß Rußland die Abhängigkeit Nordamerikas von Europa weiter ausdehnte. Sie hat sicherlich die erste Aufgabe lösen helfen. Von den etwa 18½ Millionen Quadratkilometern des Gebietes von Süd- und Mittelamerika mit einer Bevölkerung von sechzig Millionen Menschen sind heutzutage nur etwa 400000 Quadratkilometer mit weniger als fünfhunderttausend Einwohnern in kolonialer Abhängigkeit von Europa.

Auch hinsichtlich des zweiten Zieles hat die Doktrin ihren Zweck erfüllt. Nichtsdestoweniger steht heutzutage mehr als die halbe Fläche Nordamerikas noch in kolonialer Abhängigkeit von Europa. Wir sind mit unserer Monroe-Doktrin sicherlich selbstlos gewesen. Wir haben sie gedreht und entwickelt und erweitert, um Europa aus Süd- und Mittelamerika hinauszubringen, und trotzdem haben wir geduldet, daß gerade der europäische Staat, der sich immer zu dieser Doktrin bekannt hat, die Hälfte Nordamerikas festhält und auf einer Strecke von nahezu fünftausend Kilometern an unser eigenes Land grenzt. Bei Beendigung des Bürgerkrieges wurden wir Rußland ganz und gar aus dem Kontinent dadurch los, daß wir ihm sieben Millionen Dollar für etwas zahlten, was damals für einen gewaltigen Eisberg gehalten wurde; und es ist vermutlich der größte diplomatische und politische Fehler, den die Vereinigten Staaten jemals begangen haben, daß sie damals nicht auch England aus dem Kontinent hinausgebracht haben. Die Bevölkerung von Kanada betrug damals nur etwa drei und eine halbe Million, von denen die Mehrzahl einer Angliederung an die Vereinigten Staaten vermutlich geneigt war. Auch war es uns während unseres Bürgerkrieges ganz klar vor Augen geführt worden, wie leicht Kanada zu einem Stützpunkte für kriegerische Operationen gegen uns gemacht werden könnte. Und schließlich besaßen wir damals das gewaltige, geübte und disziplinierte Heer krieggewohnter Veteranen, mit dem wir imstande gewesen wären, jeden physischen Widerstand niederzuschlagen. Wir haben damals eine Gelegenheit verloren, den nordamerikanischen Kontinent von seinen kolonialen Beziehungen zu Europa zu befreien, die nie wiedergekehrt ist und vielleicht nie wiederkehren wird.

Seit mehr als fünfundzwanzig Jahren haben wir uns jetzt mit dem Gedanken getröstet, daß das Band zwischen Kanada und Großbritannien so schwach geworden sei, daß es jeden Augenblick von selbst zerreißen könne. Aber zu unserer großen Überraschung, ja fast zu unserer Bestürzung, finden wir plötzlich, daß dies nicht der Fall ist, daß Kanada, ganz im Gegenteil, nicht nur in die europäische Diplomatie und Politik, sondern auch in einen großen europäischen Krieg verwickelt ist. Durch seine koloniale Beziehung zu England ist es zu einer kriegführenden Partei in einem europäischen Kriege geworden und ist daher jetzt nach Recht und Gesetz allen Zufälligkeiten eines solchen Zustandes ausgesetzt; eine dieser Zufälligkeiten ist die, daß es einem Eindringen und einer Eroberung seitens der Feinde Englands offen steht. Dies wird in dem gegenwärtigen Kriege wahrscheinlich nicht geschehen, aber es kann geschehen, und es würde durchaus in der Ordnung sein, wenn es geschähe, und es wird wahrscheinlich in dem Kriege zwischen Rußland und England geschehen, der sicherlich auf diesen Krieg folgen wird, falls die Alliierten die Sieger sind. Ich glaube nun, wenn dies morgen oder zu irgendeiner anderen Zeit geschehen würde, so würde dadurch unsere Neutralität auf eine sehr harte Probe gestellt werden. Ich möchte nicht für ihre Aufrechterhaltung einstehen. Wir haben uns über diesen Krieg noch keine eigentliche öffentliche Meinung gebildet. Jeder fühlt, aber nur verhältnismäßig wenige denken, und sehr wenige besitzen die nötigen Kenntnisse, um darauf ein gesundes Urteil zu gründen. Was wir jetzt sehen, ist ein erregter Gefühlszustand, der in Verhöhnungen, Schmähungen und Beschimpfungen zum Ausdruck kommt, und daher den Haß erzeugt, der zum Kriege führt. Bei einem solchen Gefühlszustande würde die Besetzung Kanadas durch die Feinde Englands uns aller Wahrscheinlichkeit nach, wenn auch noch so unvernünftigerweise, verleiten, den Boden der Neutralität zu verlassen, den Frieden aufzugeben und zu einer kriegführenden Partei zu werden.

Offenbar liegt die längere Fortdauer irgendwelchen kolonialen Verhältnisses eines Teiles von Nordamerika zu Europa nicht in unserem Interesse, noch ist es für unsere Wohlfahrt förderlich, und wenn eines der Ergebnisse dieses Krieges darin bestehen könnte, dieses Band gänzlich zu trennen, so würde das für unseren zukünftigen Frieden und unser zukünftiges Gedeihen eine so große Gewähr sein, daß wir gern alle die Verluste und Unannehmlichkeiten ertragen könnten, die der Krieg uns jetzt auferlegt.

Aber wird dies durch den Triumph der Alliierten geschehen? Das kann ich nicht glauben. Mir scheint, der Triumph der Alliierten wird Kanada noch enger an die europäische und asiatische Politik Englands binden, und zwar durch die Kameradschaft in dem Kriege, durch die Teilnahme am Siege und durch das wachsende Bewußtsein der Notwendigkeit eines Zusammenhaltens der Teile des britischen Weltreiches gegenüber Rußland in dem Endkampfe um den Besitz Asiens. Und wenn in diesem Endkampfe Rußland gewinnen sollte, was es meines Erachtens tun wird, nachdem Deutschland und Österreich-Ungarn vernichtet sein werden, und wenn Japan mit Rußland im Bunde sein wird, dann könnte Kanada von Rußland oder Japan genommen und durch einen Statthalter von Petrograd oder Tokio aus regiert werden.

Wie ich die Lage übersehe, wird nur die Erhaltung des Deutschen Reiches und der österreichisch-ungarischen Monarchie mindestens in der Stärke und dem Zusammenhange, die sie am 1. August 1914 besaßen, als eines Bollwerks gegen das Vordringen Rußlands nach Westen und nach Süden, der Welt wirklichen Frieden bringen und dem nordamerikanischen Kontinent irgendwelche Aussichten gewähren, sich endgültig von Verwickelungen in europäische Politik, europäische Streitigkeiten und europäische Kriege frei zu machen. Meines Erachtens ist es kaum fraglich, daß nach den Erfahrungen dieses Krieges unsere nächste Formulierung der Monroe-Doktrin sein wird, daß keine koloniale Abhängigkeit von irgendeiner europäischen Macht in Nordamerika bestehen darf. Das wird verständlich, klar und gründlich sein. Die Verwirklichung dieses Prinzips ohne Anwendung von Gewalt auf unserer Seite wird indessen nur dadurch erreicht werden, daß Kanada sich nach einer Niederlage in diesem gegenwärtigen Kriege der unamerikanischen Natur seines gegenwärtigen Abenteuers und seiner Gefahren für die Unabhängigkeit und die Wohlfahrt Nordamerikas bewußt wird. Das sind die Tatsachen, die wir jetzt ins Auge fassen sollten. Es sind die Tatsachen, die wir ins Auge fassen werden, wenn wir aus dem Erregungszustande herauskommen und in das Stadium der Überlegung gelangen werden.

Kapitel V.

Die österreichisch-ungarische Monarchie und die Mordtat von Serajewo.

Im ersten Kapitel dieses Buches habe ich die Ermordung des habsburgischen Thronerben mit der angenommenen Ermordung des Vizepräsidenten unserer Vereinigten Staaten verglichen. Der Vergleich beweist indessen noch mehr, als ich an jener Stelle für ihn in Anspruch genommen habe. Es bedeutet zweifellos etwas, den Vizepräsidenten oder gar den Präsidenten einer Republik zu ermorden, aber es ist eine weit ernstere Angelegenheit, einen dynastischen Thronfolger zu ermorden, zumal, wenn dabei deutlich der Zweck zutage tritt, die Dynastie selbst zu vernichten. Es mag immerhin richtig sein, daß der Vizepräsident oder der Präsident einer Republik persönlich durch ihre Intelligenz und ihren Charakter wie durch ihre Fähigkeiten weit würdiger sein können als ein Kronprinz, und es mag sein, daß die Republik eine höhere Form der politischen Organisation ist als die Monarchie, aber dies ist garnicht die Frage, um die es sich hier handelt. Die Frage ist, welche

Wirkung eine solche Katastrophe auf die Sicherheit und die Existenz des betroffenen Staates haben wird.

Die Republik hat nicht nur ein Gesetz für die Amtsnachfolge ihres höchsten obrigkeitlichen Beamten, sondern auch ein Wahlgesetz für die Ernennung eines neuen höchsten obrigkeitlichen Beamten. Die Monarchie hingegen besitzt nur das erstere. Der Tod aller jener Personen, die durch das Thronfolgegesetz eines Landes zur Nachfolge auf den Thron berufen sind, stellt den Staat einer Krisis gegenüber, für deren Lösung in seiner Verfassung geeignete Bestimmungen nicht vorgesehen sind, weil eine Dynastie ein Produkt der Geschichte ist. Sie wächst mit der Entwickelung des Staates aus kleinen Anfängen. Ihre Wurzeln erstrecken sich nach allen Richtungen hin. Ihre Amtsgewalten sind innig mit ihren Eigentumsrechten verwoben. Sie gedeiht mit dem Gedeihen des Staates, und sie leidet mit dem Unglück des Staates. Sie gibt den Einrichtungen und Denkmälern des Staates, seinen Städten und Landstraßen, seinen Straßen und Brücken ihren Namen. Ihre Ruhmes- und Siegestaten sind mit dem Aufschwung des Staates und ihre Niederlagen mit seinem Niedergange verquickt.

Dies alles gilt ganz besonders für die habsburgische Dynastie und die österreichisch-ungarische Monarchie. Das erste, was wir aus der Geschichte über die Habsburger wissen, sind ihre Taten und die Schenkungen, die sie für fromme Zwecke gemacht haben, und die aus dem Jahre

1099 datieren. Der Stifter dieser Schenkungen, ein Graf Werner von Habsburg, dürfte ein wohlhabender schwäbischer Edelmann, ein Neffe des Bischofs Werner von Straßburg, des Erbauers des vom Grafen Werner bewohnten Schlosses, und ein Edelmann mit hohen Idealen und philanthropischen Neigungen gewesen sein. Das Schloß Habsburg lag am Aarefluß, einige Kilometer nördlich vom heutigen Luzern, und von diesem Punkte aus hat sich die Macht und das Besitztum der Habsburger nach Osten und Westen, nach Norden und Süden ausgebreitet. Die Habsburger scheinen Günstlinge der römisch-deutschen Kaiser aus der schwäbischen Linie, Friedrich Barbarossa und Friedrich II., gewesen zu sein und von diesen Kaisern Ländereien und Ämter empfangen zu haben. Zu Anfang des dreizehnten Jahrhunderts heiratete Albrecht von Habsburg, genannt der Weise, eine Verwandte des Kaisers Friedrich II., und der aus dieser Ehe hervorgegangene Sohn, Rudolf, wurde deutscher König und Kaiser des römischen Reiches deutscher Nation. In dieser Stellung vermochte er, seinem ererbten Besitz die Markgrafschaften Österreich, Kärnten, Krain und Steiermark hinzuzufügen, und wenn auch die Habsburger vorübergehend die Herrschaft im Reiche verloren, so waren und blieben sie doch die führende Familie im römisch-deutschen Reiche. Im Jahre 1437 entriß Albrecht II. von Habsburg dem Kaiser Sigismund die Krone von Böhmen und von Ungarn, und im folgenden Jahre wurde er römisch-deutscher Kaiser. Dieses hohe Amt blieb nunmehr in den Händen der Habsburger bis zum Jahre 1806, als das heilige römische Reich deutscher Nation durch Napoleon vernichtet wurde. Die Habsburger nahmen dann den Titel „Kaiser von Österreich" an und begannen die Organisation des Staatssystems, das wir heute als österreichisch-ungarische Monarchie kennen.

Aus wie vielen homogenen, quasi-homogenen und heterogenen Elementen dieses Staatsgebilde zusammengesetzt worden ist, und welche Arbeit die Habsburger geleistet haben, indem sie diese Elemente zusammengeschweißt und zusammengehalten haben, das können wir bis zu einem gewissen Grade aus den Titeln des habsburgischen Kaisers schließen. Er ist Kaiser von Österreich, König von Ungarn, Böhmen, Dalmatien, Kroatien, Slavonien, Galizien und Lodomerien, Erzherzog von Österreich, Großherzog von Krakau, Herzog von Salzburg, Steiermark, Kärnten, Krain, der Bukowina, von Ober- und Unterschlesien, Auschwitz und Zator, Teschen, Friaul, Ragusa und Zara, Fürst von Siebenbürgen, Trient und Brixen, Markgraf von Mähren, Ober- und Unterlusitanien und Istrien, Graf von Habsburg, Tirol, Kyburg, Görz, Gradisca, Hohenembs, Feldkirch, Bregenz und Sonnenberg, Herr von Triest und Cattaro. Ich glaube, ich habe einige Titel ausgelassen, aber ich habe bestimmt keinen erfunden.

Es ist für die Habsburger Dynastie eine gewaltige Arbeit gewesen, die österreichisch-ungarische Monarchie aus diesen Elementen zusammenzuschmelzen, und es ist ein geradezu wunderbares Produkt der Einheit in der Verschiedenheit, was diese Dynastie zuwege gebracht hat. Statt alle innere Unabhängigkeit niederzuschlagen und alle Rassenunterschiede zu verwischen, wie es beispielsweise die französische Monarchie in ihrer Entwickelung getan hat, hat die habsburgische Monarchie eine Sphäre der inneren Unabhängigkeit und der Rassenverschiedenheit bestehen lassen und zu den rechtlichen und politischen Grundlagen zu gelangen gesucht, auf denen Menschen verschiedener Rassen und Religionen leben, und in Frieden miteinander leben können.

Wenn man von mir verlangen würde, daß ich das politische System der österreichisch-ungarischen Monarchie in einem einzigen Satze definieren sollte, so würde ich es einen Bund zweier Staaten nennen, von denen jeder eine Bundesregierung hat. Österreich ist ein Staat, der sich aus siebzehn autonomen Provinzen zusammensetzt. Jede dieser Provinzen hat ihre eigene gesetzgebende Körperschaft, die von den Stimmberechtigten gewählt wird, und die alle gesetzgeberische Gewalt ausübt, soweit sie nicht durch die Verfassung dem Organ der nationalen Gesetzgebung, dem Reichsrat, vorbehalten ist. Die Gesetze der Provinzen werden durch die Beamten der Krone ausgeführt. Die nationale gesetzgebende Körperschaft, deren Unterhaus durch die Stimmabgabe aller männlichen Bürger über vierundzwanzig Jahre gewählt wird, übt die Gewalt aus, die ihr von der Reichsverfassung übertragen ward.

Ungarn ist ein Bundesstaat aus zwei Ländern, dem eigentlichen Ungarn und dem Staate Kroatien-Slavonien-Dalmatien. Jedes dieser beiden Länder hat seine eigene gesetzgebende Körperschaft, zu deren Unterhaus die Mitglieder nach einem allgemeinen, durch eine sehr niedrige Besteuerungsgrenze wenig eingeschränkten Stimmrecht von der ganzen männlichen Bevölkerung über zwanzig Jahre gewählt werden. Sie besorgt die innere Gesetzgebung. Die beiden Staaten gemeinsamen Gesetze gelangen im Reichstage für das eigentliche Ungarn zur Verabschiedung. Hier hat eine gewisse Anzahl von Vertretern aus Kroatien-Slavonien-Dalmatien für diesen Zweck Sitz und Stimme. Die Gesetze der beiden Einzelstaaten, ebenso die Gesetze der Union, werden von dem König von Ungarn und seinen Beamten ausgeführt.

Diese beiden Staatenbünde, Österreich und Ungarn, sind nun in dem Bunde vereinigt, den man die österreichisch-ungarische Monarchie nennt. Die Bande, welche sie zusammenhalten, sind erstens und hauptsächlich die habsburgische Dynastie, deren Haupt der Kaiser, König, Erzherzog, Großherzog, Fürst, Markgraf, Graf und Herr all der einzelnen Teile dieser zusammengesetzten Organisation ist, und zweitens die Delegationen, die aus einer Anzahl von Personen bestehen, welche zu gleichen Teilen von den nationalen gesetzgebenden Körperschaften Österreichs und Ungarns gewählt werden. Diese gemeinsame Bundesregierung leitet die auswärtigen Angelegenheiten und die

Angelegenheiten des Heeres und der Marine der gesamten österreichisch-ungarischen Monarchie, sowie die Finanzangelegenheiten, sofern sie diese Gegenstände betreffen. Bosnien und die Herzegowina endlich bilden ein Gebiet der österreichisch-ungarischen Monarchie mit eigener Gesetzgebung für die inneren Angelegenheiten, aber ohne jede Vertretung in einem der Parlamente Österreichs oder Ungarn-Kroatiens.

Meines Erachtens bildet die österreichisch-ungarische Monarchie eines der interessantesten Experimente in der Staatswissenschaft des zwanzigsten Jahrhunderts. Das neunzehnte Jahrhundert hat uns den Nationalstaat gebracht, der sich hauptsächlich auf Einheit der Rasse, der Sprache und der Sitten gründet. Wenngleich das System der Nationalstaaten, die miteinander nur durch Verträge, Völkerrecht und Diplomatie in Beziehung stehen, einen gewaltigen Fortschritt gegenüber dem System des Weltreiches darstellt, so bleibt doch in ihm noch die Gefahr eines zu großen Partikularismus bestehen, wenn jede Rasse und jedes sprachliche Idiom als geeignete Grundlage für einen besonderen und souveränen Staat angesehen werden soll. Es bleibt daher noch das Problem übrig, verschiedene Rassen oder Fragmente verschiedener Rassen sowie Gruppen von Menschen verschiedener Zunge, die ein in sich natürlich zusammenhängendes Gebiet bewohnen, zu einer politischen und Regierungseinheit zusammenzuschließen, die frei genug sein soll, um wertvolle Rassenunterschiede zu erhalten, die aber tief genug in die allgemeine menschliche Natur eindringen muß, um für die Grundlage ein Prinzip zu finden, das genügend breit ist, damit auf ihm Menschen verschiedener Rassen leben und sich heimisch fühlen können, also eine Nationalität in den Idealen zu entwickeln, die tiefer gegründet ist als die auf der Rasse oder der Sprache beruhende, eine Nationalität, die sich mehr dem allgemein Menschlichen nähert.

Kein großer Staat in Europa hat sich der Lösung dieses großen Problems so angelegentlich und aufrichtig gewidmet wie die österreichisch-ungarische Monarchie. Sie hat Deutsche, Magyaren, Tschechen, Polen, Slovenen, Mähren, Ruthenen, Kroaten, Rumänen, Serben, Italiener und Ladiner, Christen wie Mohammedaner, zusammengebracht und ein volles halbes Jahrhundert lang in den Grenzen eines friedlichen Reiches zusammengehalten. Und sie hat dies nicht durch die Vorherrschaft einer Rasse über die anderen vollbracht, sondern durch ein System, welches jeder einzelnen Rasse ihre Sprache und ihre örtlichen Sitten und Gebräuche läßt und jeder die ihr gebührende Vertretung in der Staats- und Reichsregierung sichert, und welches Vereinigungsprinzipien zu finden sucht, die so von Grund auf menschlich sind, daß unter ihnen alle Rassen ihre nationalen Ideale und Wünsche befriedigt sehen können.

Dies ist der Staat, den der englische Schatzkanzler morsch nennt. Ich zweifle nicht daran, daß er einem Manne so erscheint, der gewohnt ist, das englische Reich von einer Handvoll Männer regiert zu sehen, die in Downing Street in London sitzen, die ihre Autorität von einer Körperschaft empfangen, in welcher von den fünfhundert Millionen Menschen, welche das rund dreißig Millionen Quadratkilometer große Gebiet des britischen Weltreiches bewohnen, nur fünfundvierzig Millionen, die auf einem Gebiete von wenig mehr als dreihunderttausend Quadratkilometern wohnen, überhaupt vertreten sind. Aber es ist ganz klar, daß dieser hohe englische Beamte kein Urteil oder auch nur einen Begriff hat von dem großen Problem der Versöhnung der Rassen in den Grenzen eines friedlichen Reiches, an dessen Lösung Österreich-Ungarn so ehrlich und aufrichtig gearbeitet hat, und dessen Lösung es näher gekommen ist als irgendein großer Staat in Europa.

Und bei diesem großen Werke hat die habsburgische Dynastie die führende Rolle gespielt. Ich habe oft sagen hören, daß der Kaiser Franz Joseph der einzige Mann in ganz Österreich-Ungarn sei, der mit jedem Untertanen des Reiches in seiner eigenen Sprache reden kann. Durch Unglück, Leiden und Kummer, häufig mißverstanden, und zuweilen geschmäht und verleumdet, vermittelnd, ausgleichend, Zugeständnisse machend und nachgebend und Opfer bringend, hat dieser große alte Mann mehr als fünfundsechzig Jahre hindurch daran gearbeitet, Gerechtigkeit und Eintracht unter den Rassen und Zungen und Religionen seines Reiches herzustellen, und es hätte für den Erfolg seiner Bestrebungen kein höheres Zeugnis abgelegt werden können als durch die Einigkeit, mit der sich diese Rassen in diesem Kriege zur Verteidigung der Integrität des Reiches und zum Schutze der Dynastie erhoben haben, die der Schöpfer dieses Reiches gewesen ist und auch fernerhin das Hauptband bleibt, welches es zusammenhält.

Nur im Lichte dieser Tatsachen und Erwägungen vermögen wir die Größe des Verbrechens von Serajewo voll zu ermessen, eines Verbrechens, das nicht nur die Ehre, sondern geradezu den Bestand der österreichisch-ungarischen Monarchie in höchstem Maße berührt hat.

Kapitel VI.

Die belgische Neutralität.[1]

Über die belgische Neutralität ist so viel geredet worden, es sind über sie so viele Vermutungen laut geworden, und sie hat einen solchen Stein des Anstoßes auf dem Wege zu jedem wahren und umfassenden Verständnis der Ursachen und Ziele der großen europäischen Katastrophe gebildet, daß es wohl angebracht sein dürfte, ihre Grundlagen zu untersuchen und zu versuchen, eine richtige Vorstellung von ihrem Zweck und ihren Obliegenheiten zu gewinnen.

Natürlich betrachten wir hier die Frage der garantierten Neutralität, nicht die gewöhnliche Neutralität, wie sie alle nicht im Kriegszustande befindlichen Staaten genießen, wenn andere Staaten im Kriege stehen. Der Unterschied zwischen der gewöhnlichen Neutralität und der garantierten Neutralität ist nämlich der, daß kein Staat irgendwie verpflichtet ist, die gewöhnliche Neutralität irgendeines anderen Staates gegen Verletzung durch eine kriegführende

1) Dieses Kapitel sowie das Kapitel VIII, „Der Deutsche Kaiser", sind ursprünglich in der New York Times erschienen und werden im vorliegenden Buche mit gütiger Erlaubnis dieses Blattes abgedruckt. Aus ihrem Ursprung erklären sich einige textliche Wiederholungen.

Partei zu verteidigen, und daß keine kriegführende Partei irgendeine besondere Verpflichtung hat, sie zu beachten. Die garantierte Neutralität ist daher eine Frage besonderer Vereinbarung zwischen mehreren Staaten.

Am 19. April 1839 unterzeichneten Belgien und Holland, die von 1815 bis 1830 das Vereinigte Königreich der Niederlande gebildet hatten, einen Vertrag über die Trennung voneinander und die gegenseitige Unabhängigkeit. In diesem Vertrage ist das ursprüngliche Unterpfand für die belgische Neutralität zu finden. Diese Klausel des Vertrages lautet: „Belgien in den eben genannten Grenzen soll einen unabhängigen neutralen Staat bilden und soll gehalten sein, eben diese Neutralität gegenüber allen übrigen Staaten zu beobachten." Am gleichen Tage und an demselben Orte, nämlich in London, wurde von Großbritannien, Frankreich, Preußen, Österreich und Rußland ein Vertrag unterzeichnet, durch den der Vertrag zwischen Belgien und Holland gebilligt und anerkannt wird. Etwas später, am 11. Mai, ratifizierte auch der Deutsche Bund, dem sowohl Österreich als auch Preußen angehörte, diesen Vertrag.

Im Jahre 1866 wurde der Deutsche Bund durch den Krieg zwischen Österreich und Preußen, der aus der schleswig-holsteinischen Frage hervorgegangen war, aufgelöst. Im Jahre 1867 wurde der Norddeutsche Bund gebildet, dessen führender Staat Preußen war, während Österreich und die deutschen Staaten südlich der Mainlinie völlig außerhalb standen. Haben diese Änderungen die Garantien des Vertrages von 1839 außer Geltung gesetzt und sie dadurch aufgehoben oder wenigstens abgeschwächt und angreifbar gemacht? Die Probe hierauf brachte das Jahr 1870, als die Feindseligkeiten zwischen Frankreich und dem Norddeutschen Bunde begannen. England, die Macht, die an der Erhaltung der belgischen Neutralität am meisten interessiert war, scheint in dieser Hinsicht erhebliche Befürchtungen gehegt zu haben. Herr Gladstone, der derzeitige Premierminister, sagte im Unterhause: „Ich vermag mich nicht der Doktrin jener Redner anzuschließen, die in diesem Hause die Behauptung aufgestellt haben, die geradeswegs darauf hinausläuft, daß die einfache Tatsache der Existenz einer Garantie für jede dabei beteiligte Partei bindend ist, ohne Rücksicht auf die besondere Lage, in welcher sie sich befinden mag, wenn Veranlassung zur Verteidigung dieser Garantie eintritt."

Von dieser Ansicht ausgehend, suchte damals die englische Regierung von der französischen Regierung und von jener des Norddeutschen Bundes getrennte aber identische Verträge zu erlangen und erlangte sie auch, die mit der englischen Regierung zusammen die Neutralität Belgiens für die Dauer des Krieges zwischen Frankreich und dem Norddeutschen Bunde, der soeben ausgebrochen war, und für ein Jahr vom Tage seiner Beendigung an garantierten. In diesen Verträgen ist auch bemerkt, daß England die mögliche Betätigung seiner militärischen Streitkräfte bei der Aufrechterhaltung der Neutralität Belgiens auf das

Gebiet des belgischen Staates begrenzte. Diese Verträge liefen im Jahre 1872 ab, und das gegenwärtige Deutsche Reich hat niemals einen Vertrag unterzeichnet, welcher die Neutralität Belgiens garantierte.

Überdies ist Belgien zwischen 1872 und 1914 zu dem geworden, was man jetzt eine Weltmacht nennt. Das heißt, es hatte eine Bevölkerungszahl von nahezu acht Millionen Seelen erreicht; es hatte ein gut organisiertes, gut ausgerüstetes Heer von mehr als 200 000 Mann und mächtige Festungen zu seiner eigenen Verteidigung; es hatte Kolonien erworben und in Besitz gehalten, die ein Gebiet von rund 1/2 Millionen Quadratkilometern bedeckten und von 15 Millionen Menschen bewohnt waren, und es betrieb einen tätigen Handel unter Vermittelung seiner eigenen Flotte mit vielen, wenn nicht mit allen Teilen der Welt. Diese Dinge sind nun mit einer besonders garantierten Neutralität des Staates, der sie besitzt, im Prinzip keineswegs vereinbar. Der Staat, der sie besitzt, ist den Windeln entwachsen und hat das Alter und den Zustand der Reife und des Selbstschutzes erreicht und das Alter überschritten, in dem eine besonders garantierte Neutralität naturgemäß ist.

Auf Grund all dieser Erwägungen halte ich es für äußerst zweifelhaft, ob Belgien am 1. August 1914 als im Besitz irgendeiner anderen Art von Neutralität anzusehen gewesen ist als der gewöhnlichen Neutralität, wie sie alle nicht im Kriege befindlichen Staaten genießen, wenn sich andere Staaten im Kriege befinden. Übrig bleibt nur zu untersuchen, ob Belgien nicht selbst das Privilegium dieser gewöhnlichen Neutralität verscherzt hat, ehe ein einziger deutscher Soldat den Fuß auf belgischen Boden gesetzt hat. Vor einigen Monaten erhielt ich einen Brief von einem der hervorragendsten Professoren an der Berliner Universität, der auch in enger Fühlung mit dem preußischen Unterrichtsministerium steht, einem Manne, in dessen Wahrhaftigkeit ich volles Vertrauen setze, da ich ihn seit zehn Jahren gut kenne. Dieser Herr schrieb mir etwa folgendes: „Unser Einmarsch in Belgien war zum Teil durch die Tatsache veranlaßt, daß wir überzeugende Beweise dafür hatten, daß sich bereits französische Soldaten in Belgien befanden, und daß Belgien eingewilligt hatte, im Falle eines Krieges zwischen Frankreich und uns dem französischen Heere den Durchzug durch sein Gebiet zu gestatten." Ferner ist im englischen Blaubuch selbst unter Nr. 122 eine Depesche des englischen Botschafters in Berlin, Sir E. Goschen, an Sir Edward Grey zu finden, welche die folgenden Worte enthält: „Nach dem, was er (der deutsche Staatssekretär im Auswärtigen Amt) sagte, erhellt, daß die deutsche Regierung der Ansicht ist, daß bereits gewisse feindliche Handlungen von Belgien begangen worden sind." Das Datum dieser Depesche ist der 31. Juli, also mehrere Tage vor dem Einmarsch der Deutschen in Belgien.

Aber wenn ich auch diese beiden Dinge ganz aus

dem Spiele lasse und ebenso die neuen Beweise, die in den Archiven von Brüssel dafür gefunden worden sind, daß Belgien durch seine Vereinbarungen mit England jeden Anspruch auf Neutralität im Falle eines Krieges zwischen Deutschland und England verscherzt hat, Beweise, deren Echtheit nunmehr seitens der englischen Regierung anerkannt worden ist, so finde ich in dem englischen Blaubuch selbst unter Nr. 123 nicht nur eine ausreichende Rechtfertigung, sondern sogar eine vom militärischen Standpunkte aus unbedingte Notwendigkeit für ein gegen Frankreich marschierendes Heer, nicht nur durch Belgien zu ziehen, sondern auch Belgien zu besetzen. Diese Nummer des Blaubuches ist eine vom 1. August datierte Mitteilung Sir Edward Greys an den englischen Botschafter in Berlin, Sir E. Goschen. In dieser Mitteilung benachrichtigt Sir Edward Grey Sir E. Goschen, daß der deutsche Botschafter in London ihn gefragt habe, „ob für den Fall, daß Deutschland verspräche, die belgische Neutralität nicht zu verletzen, wir, Großbritannien, neutral bleiben würden", und daß er (Grey) geantwortet habe, „das könne er nicht sagen", er glaube nicht, daß Großbritannien „ein Neutralitätsversprechen unter dieser Bedingung allein geben könne." Sir Edward Grey sagt dann weiter: „Der Botschafter fragte mich dringend, ob ich nicht Bedingungen formulieren könne, unter denen wir neutral bleiben würden. Er regte sogar an, daß die Integrität Frankreichs und seiner Kolonien garantiert werden könnte. Ich sagte, ich sähe mich genötigt, jegliche Zusage unter ähnlichen Bedingungen neutral zu bleiben, endgültig abzulehnen, und ich könne nur sagen, daß wir freie Hand behalten müßten."

Hierauf erklärte Sir Edward Grey nach Zeitungsmeldungen im Parlament, England stehe hinsichtlich der belgischen Neutralität auf demselben Standpunkte wie 1870. Bei aller schuldigen Achtung vermag ich das nicht so aufzufassen. Im Jahre 1870 blieb England in einem Krieg zwischen dem Norddeutschen Bunde und Frankreich neutral und garantierte mit dem Norddeutschen Bunde zusammen die Neutralität Belgiens gegenüber einer Invasion seitens Frankreichs und mit Frankreich zusammen gegenüber einer Invasion seitens des Norddeutschen Bundes. Am 1. August 1914 bat Deutschland England, praktisch dasselbe zu tun, und England lehnte ab. Danach ist es Deutschland, das im Jahre 1914 hinsichtlich der belgischen Neutralität auf demselben Standpunkte stand wie 1870, und England, das seine Stellung änderte und geradezu kundgab, daß es kriegführende Partei werden wolle. Eben diese Mitteilung, die Sir Edward Grey am 1. August 1914 dem deutschen Botschafter in London machte, hat die Besetzung Belgiens zu einer absoluten militärischen Notwendigkeit für die Sicherheit der gegen Frankreich vorrückenden deutschen Heere gemacht. Andernfalls würden sie nach menschlichem Ermessen ihre rechte Flanke dem Anmarsch eines englischen Heeres durch Belgien ausgesetzt haben, und es gab sicherlich keinen deutschen Heerführer, der so aller Kriegskunst und allen militärischen Instinktes bar gewesen wäre, daß er einen so offenkundigen Fehler begangen haben würde.

Belgien hat England für jeden von seinem Volke vergossenen Tropfen Blutes und für jeden Franken des während dieses Krieges in seinem Gebiete erlittenen Schadens zu danken. Eine Million deutscher Soldaten standen an seiner Ostgrenze und verlangten unbehinderten Durchmarsch durch einen Zipfel seines Gebietes gegen das feierliche Versprechen, seine Unabhängigkeit und Integrität zu wahren und jeden Franken Schaden zu vergüten, und keine englische Streitmacht war näher als in Dover, jenseits des Kanals. Unter solchen Umständen war es eine der rücksichtslosesten, anmaßendsten und selbstsüchtigsten Handlungen, die je von einer Großmacht begangen worden ist, als Sir Edward Grey, wie in No. 155 des englischen Blaubuchs festgestellt ist, den englischen Gesandten in Brüssel anwies, „der belgischen Regierung kund zu tun, daß, falls Deutschland auf sie einen Druck ausüben sollte, um sie zum Abweichen von der Neutralität zu bewegen, die Regierung Ihrer Majestät erwarte, daß sie mit allen in ihrer Macht stehenden Mitteln Widerstand leisten werde."

Es ist ganz klar, daß England weniger daran dachte, Belgien zu schützen, als daran, selbst von Belgien geschützt zu werden, bis es sich zum Angriff gegen Deutschland im Einverständnis mit Rußland und Frankreich bereit machen könnte. England war willens, Belgien zu gestatten, ja zu befehlen, das furchtbare Risiko der vollständigen Vernichtung auf sich zu nehmen, damit England selbst ein wenig Zeit gewinnen könne, das Zusammenwirken Rußlands und Frankreichs mit England zur Zermalmung Deutschlands zu vollenden, und damit es die öffentliche Meinung neutraler Mächte, insbesondere jene der Vereinigten Staaten von Amerika, irreführen könne unter dem ritterlichen Vorwande, ein schwächeres Land zu beschützen, zu dessen Schutz es wenig oder nichts getan hat, das es aber wirksam hätte schützen können, wenn es einfach selbst neutral geblieben wäre.

Wir Amerikaner sind im Hinblick auf die Ursachen dieses Krieges arg irregeführt worden. Wir haben Gründe und Gelegenheiten und Ziele und Zufälligkeiten so lange durcheinandergebracht, bis es einer beträchtlichen Anzahl unter uns fast unmöglich geworden ist, sich darüber ein gesundes und richtiges Urteil zu bilden. Aber wir werden aus diesem Nebel herausgelangen. Wir fangen jetzt an, klarer zu sehen, und es würde mich nicht sehr überraschen, wenn die Mittel, die angewandt worden sind, unsere Verwirrung herbeizuführen, eines schönen Tages sich gegen ihre Erfinder wenden würden, sei es auch nicht, um deren Gewissen zu quälen, so doch wenigstens, um ihre Absichten zuschanden zu machen.

Kapitel VII.

Die Ausfuhr von Waffen und Munition an kriegführende Parteien.

Wer die Sache vom rein wissenschaftlichen und objektiven Standpunkte aus betrachtet, dem erscheint die Behauptung, daß die Verhinderung des Verkaufes von Waffen und Kriegsmunition an kriegführende Parteien seitens eines neutralen Staates unter allen Umständen oder Verhältnissen eine Verletzung der Neutralität bedeute, entweder als Sophisterei oder als Heuchelei, und in jedem Falle als unpatriotisch. Es besteht allerdings immer noch der prinzipielle Widerspruch, daß eine neutrale Regierung an kriegführende Parteien Kriegsschiffe weder liefern darf, noch ihren Untertanen gestatten darf, solche zu liefern, daß sie aber ihren Untertanen gestatten darf, die Kanonen und die Munition zu liefern, die den Schiffen erst ihren furchtbaren Charakter als Kriegsschiffe geben. Aber ihren Untertanen die Erlaubnis zur Lieferung von Waffen und Munition an kriegführende Parteien zu erteilen, ist das Recht der neutralen Regierung, nicht ihre Pflicht der einzelnen kriegführenden Partei gegenüber.

Die neutrale Regierung kann nach freiem Ermessen die Erlaubnis erteilen oder verweigern. Es ist ihre Pflicht, nachdem sie ihren Entschluß gefaßt hat, allen kriegführenden Parteien die gleiche Behandlung zuteil werden zu lassen. Das heißt, wenn sie die Erlaubnis zum Verkaufe an eine Partei, verweigert, muß sie sie allen verweigern, und wenn sie umgekehrt an eine Partei den Verkauf gestattet, muß sie ihn in gleicher Weise und in gleichem Umfange für alle Parteien zulassen. Sollten, unabhängig von der Macht und den Handlungen der neutralen Regierung, zufällig Verhältnisse vorliegen oder eintreten, infolge derer irgendeine kriegführende Partei von dieser Gelegenheit, von dem Neutralen zu beziehen, keinen Gebrauch macht oder gar keinen Gebrauch machen kann, so besteht für die neutrale Regierung keine gesetzliche Verpflichtung, hiervon irgendwie Notiz zu nehmen. Falls sie bereit und willens ist, ihren Untertanen zu gestatten, an diese kriegführende Partei zu liefern, hat sie ihrer Verpflichtung zu gleicher Behandlung genügt.

Es steht ihr indessen völlig frei, ihren Untertanen die Lieferung an beide Parteien nicht weiter zu gestatten, und keine Partei hat irgendein Recht, sich zu beklagen, falls sie dies tut. Denn, wie bereits gesagt, es ist das *Recht* der neutralen Regierung, ihren Untertanen die Lieferung zu gestatten oder zu untersagen, ein Recht, das sie nach ihrem Gutdünken ausüben kann, und nicht ihre *Pflicht* gegen die kriegführende Partei, die sie dieser nach deren Verlangen zu leisten hat. Wäre das letztere der Fall, so würde der neutrale Staat kein freier Staat, nicht mehr souverän sein. Im Falle seiner Verpflichtung zur Erlaubnis würde er an die Politik, die Kriegspolitik der kriegführenden Partei gebunden sein.

Das Argument, daß, falls nur eine kriegführende Partei sich die Erlaubnis zum Bezuge von Waffen und Munition zunutze machen kann, die neutrale Regierung ihren Untertanen die Lieferung weiter gestatten müsse, mit der Begründung, daß sie anderenfalls diese kriegführende Partei eines Vorteils berauben würde, den diese selbst gewonnen habe, oder mit der Begründung, daß sie sonst die andere kriegführende Partei unterstützen würde, ist natürlich reine Sophistik und, wenn es von dem Neutralen vorgebracht wird, nur ein Vorwand für die Begünstigung der einen Partei. Es ist eine der Grundregeln des Völkerrechtes, daß mittelbare Folgen nicht in Betracht gezogen werden sollen. Eben dieses Prinzip verhinderte uns, im Jahre 1872 in Genf von England irgendetwas außer der Erstattung unmittelbarer privater Verluste zu erhalten. Die hundertfach größeren mittelbaren Verluste sind niemals im geringsten gut gemacht worden.

Wenn es sich durch irgendwelche Verdrehung der Logik so darstellen läßt, als bedeute die Einstellung der Hilfeleistung an eine kriegführende Partei eine Unterstützung der anderen, so ist diese letztere Beistandsleistung eine mittelbare und bei diplomatischen oder internationalen Überlegungen oder Akten nicht zu berücksichtigen. Und wenn wir auf das moralische Gebiet übergehen, so müßte der Neutrale, falls ihm zwei Wege offen stehen, von denen der eine nur eine der kriegführenden Parteien unmittelbar unterstützt, während der andere beide oder keine unmittelbar unterstützt, den letzteren Weg einschlagen.

Gegenwärtig und unter den dermaligen Verhältnissen können nur England und seine Verbündeten aus der Erlaubnis unserer Regierung zum freien Verkauf von Waffen und Munition Nutzen ziehen. Diese Verhältnisse sind nicht von unserer Regierung geschaffen worden, und sie braucht sich nach Recht und Gesetz keineswegs um sie zu kümmern, vorausgesetzt daß sie gewillt ist, zu erlauben, daß an die Feinde Englands in gleichem Maße und Umfange geliefert werde. Es ist sicherlich schwer festzustellen, ob Privatparteien willens und bereit sind, beiden kriegführenden Parteien zu liefern, oder nicht, so lange man nicht tatsächlich die Probe macht, und zwar in jedem Einzelfalle. Die Mehrzahl jener Leute, die gegenwärtig mit Erlaubnis unserer Regierung an England und seine Verbündeten Waffen und Munition liefern, tun dies unzweifelhaft ausschließlich und einzig um der Dollars willen, die dabei herausspringen. Diese Leute würden diese Waren zweifellos auch an die Feinde Englands oder an Se. Satanische Majestät selbst liefern, wenn sich die Gelegenheit dazu böte und die Bezahlung ausreichend wäre. Einige haben, abgesehen von der Verlockung durch den Dollar, den Wunsch, England und seine Verbündete gegen ihre Feinde zu unterstützen, und sie würden sicherlich Mittel und Wege finden, den Verkauf von Waffen und Munition an diese Feinde zu umgehen, falls sich die Gelegenheit bieten sollte. Das würde unneutral sein, aber wie wäre dem beizukommen?

Weiter gibt es fraglos auch ein paar Leute, die da glauben, daß durch die Lieferung von Waffen und Munition an England und seine Verbündeten allein der Krieg abgekürzt werden könne. Diese Leute würden ebenfalls vermutlich Mittel und Wege finden, die Versorgung der Feinde Englands mit den Mitteln zur Kriegführung zu umgehen, und das würde, wie gesagt, allerdings unneutral sein, aber es würde gleichfalls schwer, wenn nicht gar unmöglich sein, es zu hindern.

Schließlich gibt es einen Mann, soviel ich weiß, nur einen, der den festen, mutigen, selbstlosen und menschlichen Standpunkt eingenommen hat, daß er und die unter seiner Leitung stehende Gesellschaft sich die Erlaubnis unserer Regierung zur Lieferung von Waffen und Munition an die kriegführenden Parteien in diesem Kriege nicht zunutze machen wollen, und der sich deutlich und entschieden geweigert hat, irgendwelche ihm angebotene Aufträge auszuführen. Dieser Mann ist Charles R. Bryson, der Vorsitzende der Electro-Steel-Company zu Pittsburg, Pennsylvania. Herr Bryson sagt:

„Wir glauben, daß die Zeit gekommen ist, da jede

Firma oder jede Person, die einen Kontrakt annimmt, durch den dem furchtbaren Morden, das gegenwärtig in Europa vor sich geht, weiter Vorschub geleistet wird, dies zu ihrer eigenen Schande tut."

Diese Worte sollten mit goldenen Lettern gedruckt werden, mit Lettern, die groß genug wären, und auf einem Turme, der hoch genug wäre, daß man sie allüberall in unseren Vereinigten Staaten lesen könnte. Herr Bryson hat Recht, nicht nur vom Standpunkte der höchsten Menschlichkeit aus, sondern auch von jedem anderen praktischen und rechtlichen Standpunkte aus. Es wird unserem Lande keinen dauernden Gewinn an Dollars und Cents bringen, wenn es die Mittel zur Tötung und Verstümmelung der Menschen und zur Vernichtung des Besitzes in Europa liefert und dadurch unseren legitimen Handel mit Europa in Friedenszeiten vermindert und lähmt. Es wird England und seinen Verbündeten nicht den Sieg sichern, noch sie in den Stand setzen, den Krieg abzukürzen, daß sie allein aus der Erlaubnis unserer Regierung Nutzen ziehen können, um sich von hier aus Waffen und Munition zu verschaffen, während ihre Gegner dies nicht können. Wir können vernunftgemäß schließen, daß Deutschland und seine Verbündeten nicht imstande sein werden, in das britische Inselreich einzudringen, und daß sie es wahrscheinlich nicht unternehmen werden, viel weiter nach Rußland hineinzugehen; aber sie werden aller Wahrscheinlichkeit nach die Linie, so wie sie jetzt festgelegt ist, halten, so lange es ihnen beliebt, und es gibt keine Macht auf Erden, die hinreichend wäre, um das deutsche Reich zu zermalmen. Im Jahre 1756, beim Beginn des Siebenjährigen Krieges, hatte Friedrich der Große fünf Millionen Seelen, aus denen er schöpfen konnte, und seine Gegner hatten hundert Millionen, und dennoch führte er sieben Jahre lang Krieg gegen sie und ging siegreich daraus hervor. Heute hat das Deutsche Reich nur siebenzig Millionen Seelen, aus denen es schöpfen kann, und mit seinen Verbündeten zusammen hundertundsechzig Millionen, während seine Feinde zusammen noch nicht dreihundert Millionen von gleicher Fähigkeit haben. Wenn Preußen 1763 über zwanzig gegen eins triumphieren konnte, kann da nicht dasselbe Preußen, das besser gerüstet, geeinter und weit leistungsfähiger ist, seine Sache im Jahre 1915 bei weniger als zwei gegen eins verteidigen? Nein, die Lieferung von Waffen und Kriegsmunition an England und seine Verbündeten seitens der Bevölkerung der Vereinigten Staaten wird den Krieg nur verlängern, ohne sein Endergebnis zu ändern.

Ich glaube bestimmt, daß ohne diese Hilfe der Krieg heute seinem Ende sehr nahe, wenn nicht gar praktisch vorüber sein würde, und ich stimme mit Herrn Bryson darin überein, daß jeder Mann in unserem Lande, der noch fernerhin den Kriegführenden in diesem Kriege die Hilfsmittel zur Tötung und Vernichtung liefert, dies „zu seiner eigenen Schande“ tut. Herr Bryson ist auch vollkommen im Recht mit der Annahme, daß er und seine Gesellschaft die Neutralität des Landes nicht verletzen, wenn sie sich weigern, kriegführenden Parteien unter irgendwelchen Umständen oder Bedingungen Waffen zu liefern, und daß auch seine Regierung sie nicht verletzen würde, wenn sie die Lieferung untersagen würde. Die gegenteilige Ansicht ist nicht nur falsch, insofern sie im Völkerrecht keine Begründung findet, nicht nur unpatriotisch, insofern sie die Politik unseres Landes der kriegerischen Politik eines anderen Landes unterordnet, sondern sie fördert sogar die Heuchelei, indem sie die Wage zum Ausschlag bringt, auf der sich Gewissen und Dollar im Gemüte manches recht ehrenhaften Mannes gegenwärtig das Gleichgewicht halten.

Wenn Leute Waffen und Kriegsmunition an kriegführende Parteien um der Dollars willen verkaufen wollen, die dabei zu holen sind, so mögen sie es sagen. Sie haben das formale Recht dazu, so lange die Regierung es erlaubt. Wenn sie es tun wollen, um die eine kriegführende Partei gegen die andere zu unterstützen, so mögen sie es sagen, denn wenn dies auch unneutral erscheint, gibt es doch kein Mittel, einzuschreiten, so lange unsere eigene Regierung es zuläßt. Aber wir wollen die Leute nicht ermutigen, sich hinter die Ansicht zu verkriechen, sie müßten es tun, um die Neutralität aufrecht zu erhalten, denn das ist falsch, unpatriotisch und heuchlerisch. Weder der Einzelne, noch die Nation, noch die Regierung kann sich dadurch vor dem Auge Gottes oder vor dem Auge der Weltgeschichte der Schuld entziehen, zur

Verlängerung dieses schrecklichen Krieges beigetragen zu haben, daß sie unter irgendeinem derartig fadenscheinigen Vorwand hinter einer so durchsichtigen Ausflucht Schutz suchen.

Kapitel VIII.

Der Deutsche Kaiser.

Die Historiker sagen häufig, daß kein wahrhaft großer Mann jemals von der Generation und in dem Zeitalter, für die er schafft, richtig verstanden wird. Es lassen sich leicht viele Beispiele für die Richtigkeit dieses Satzes anführen. Zwei der schlagendsten habe ich in meiner eigenen Erfahrung kennen gelernt. Das erste Beispiel war der Charakter Abraham Lincolns, wie ihn die englische Presse der Jahre 1860–1864 geschildert hat, und wie ihn die öffentliche Meinung in England zu jener Zeit auffaßte. Herr Henry Adams, der Sohn und Privatsekretär des Herrn Charles Francis Adams, unseres bevollmächtigten Gesandten in England während jener für unsere Geschichte kritischen Zeit, schreibt in dem fesselnden Buch, das den Titel *The Education of Henry Adams* (Die Erziehung Henry Adams) trägt:

„London war ganz außer sich, zumal in einem Punkt; es schuf sich selbst einen Nachtmahr und gab ihm die Gestalt

Abraham Lincolns. Daneben stellte es einen, wenn möglich noch teuflerischen, Dämon und nannte ihn Herr Seward. Hinsichtlich dieser beiden Männer schien die englische Gesellschaft den Verstand verloren zu haben. Jede Verteidigung war nutzlos, jede Erklärung vergeblich; man konnte nichts tun, als die Raserei austoben lassen. Die besten Freunde waren ebenso unvernünftig wie die Feinde, denn der Glaube an die Brutalität des armen Herrn Lincoln und an die Grausamkeit Herrn Sewards wurde zu einem Glaubensdogma für das Volk."

Adams erzählt weiter, als er um Weihnachten 1863 Thackeray das letzte Mal gesehen hätte, hätten sie von ihrer gemeinsamen Freundin, Frau Frank Hampton aus South Carolina gesprochen, die Thackeray als Ethel Newcome dargestellt hatte, und die kürzlich aus dem Leben geschieden war. Thackeray hatte in englischen Blättern gelesen, daß die Bundessoldaten die Angehörigen der Frau Hampton nicht durch ihre Linien hätten hindurch gelangen lassen, um sie auf ihrem Sterbebette zu sehen. Adams schreibt:

„Als Thackeray davon sprach, zitterte seine Stimme, und seine Augen füllten sich mit Tränen. Die rohe Grausamkeit Lincolns und seiner Mietlinge war offenkundig. Er bezweifelte niemals, daß die Föderierten es sich angelegen sein ließen, die zartesten Gefühle von Frauen — ganz besonders von Frauen — zu verletzen, um ihre Gegner zu strafen. Auf Grund völlig unzulänglicher Beweise erging er sich in Vorwürfen. Wenn er (Adams) die Beweise dafür in der Tasche gehabt hätte, daß der Vorwurf ungerecht war, so würde er nichts damit gewonnen haben, wenn er sie vorgezeigt hätte. Zu jenem Zeitpunkt brauchten Thackeray und die gesamte Londoner Gesellschaft mit ihm für ihre Nerven die Erleichterung, ihrer Erregung freien Lauf zu lassen; denn wenn Herr Lincoln nicht der Mann war, zu dem sie ihn machten, was waren sie dann?"

Herr Lincoln schickte unseren geschicktesten Staatsmann, Thurlow Weed, und unseren fähigsten Verfassungsrechtler, William M. Evarts, hinüber, und späterhin folgte ihnen unser glänzendster Redner, Henry Ward Beecher, zu dem Zwecke, das englische Volk wieder zur Vernunft zu bringen und die Meinung in England zu berichtigen, aber alles mit wenig Erfolg. Gettysburg und Vicksburg leisteten für die Änderung dieser Meinung weit mehr als die Überredungskunst eines Weed, die Logik eines Evarts und die Beredsamkeit eines Beecher, und Chattanooga, der Marsch an die See und Appomattox waren noch erforderlich, um die Täuschung ganz zu beseitigen.

Heute leiden wir unter einer nicht minder seltsamen Täuschung als die Engländer im Jahre 1862. Die in England und in unserem Lande herrschende Vorstellung von der physischen, geistigen und moralischen Gestalt des Deutschen Kaisers ist das monumentale Zerrbild einer biographischen Literatur. Ich habe jetzt seit nahezu zehn Jahren den Vorzug seiner persönlichen Bekanntschaft. Ich bin auf vielerlei verschiedene Weise und unter vielerlei verschiedenen Begleitumständen mit ihm in Berührung gekommen: bei Hof- und Staatsangelegenheiten, bei Universitätszeremonien und -feiern, an seinem Tische und an seinem Herde im Kreise seiner Familie, inmitten seiner Beamten, Gelehrten und persönlichen Freunde, und, was am lehrreichsten von allem war, allein im kaiserlichen Heim in Berlin und Potsdam und im Schloß und im Walde zu Wilhelmshöhe. Bei all dieser Erfahrung, bei all dieser Gelegenheit zur Beobachtung aus der Nähe, vermag ich kaum einen einzigen der Charakterzüge anzuerkennen, die ihm gegenwärtig von der englischen und amerikanischen Presse zugeschrieben werden.

Zunächst ist der Kaiser in körperlicher Hinsicht ein Mann, der Eindruck macht. Er ist kein Riese an Gestalt, aber ein Mann von mittlerer Größe, von großer Stärke und Widerstandskraft und mit lebhaften und angenehmen Bewegungen. In seiner Erscheinung ist er jeder Zoll ein Mann, der berufen ist, Menschen zu leiten. Seine schönen graublauen Augen sind besonders fesselnd. Ich sah ihn einmal neben seinem Oheim, dem König Eduard VII., sitzen, und der Gegensatz war sehr auffällig und sehr zu seinen Gunsten.

Zweitens ist der Kaiser ein äußerst intelligenter und hochgebildeter Mann. Seine Gedanken arbeiten schnell, aber sie gehen auch sehr in die Tiefe. Er ist ein eingehender Forscher und fragt mehr und hört mehr zu, als daß er spricht. Seine Kenntnisse sind gewaltig und zuweilen erstaunlich. Er bekundet an allem Interesse, selbst an den kleinsten Einzelheiten, die irgendwie für den menschlichen Fortschritt von Bedeutung sein können. Ich erinnere mich einer gelegentlichen halbstündigen Unterhaltung mit ihm über ein Schröpfglas, das er von Ausgrabungen in der Römerruine der Saalburg bei Homburg erhalten hatte.

Mir schien es immer, als beschäftige er sich am eingehendsten mit den Künsten des Friedens. Ich habe ihn niemals viel vom Kriege reden hören, und dann stets mit Abscheu, auch niemals viel von militärischen Dingen; aber Fortschritte der Landwirtschaft, Erfindungen, Industrie, und vor allen Dingen Handel und Erziehung in allen ihren Verzweigungen, bildeten die Hauptgegenstände für seine Gedanken und für seine Unterhaltung. Ich habe den Vorzug genossen, mit vielen hochintelligenten und grundgelehrten Menschen zusammenzukommen, aber ich habe von keinem Menschen, dem ich jemals begegnet bin, in der gleichen Zeit so viel gelernt wie von dem Deutschen Kaiser. Und trotzdem ist bei all dieser tatsächlichen Überlegenheit an Geist und Bildung seine Achtung gegenüber der Ansicht anderer bemerkenswert. Anmaßung ist eine der Eigenschaften, die ihm am häufigsten zugeschrieben werden, aber er ist der einzige Herrscher, den ich je gesehen habe, der vollkommen von Anmaßung frei zu sein scheint. Er kommt einem entgegen wie ein Mann dem anderen und erweckt in einem das Gefühl, daß man einzig und allein besseren Gründen nachzugeben habe.

Drittens hat der Kaiser auf mich den Eindruck eines Mannes von Herz, warmer Zuneigung und großer Rücksicht auf die Gefühle und das Wohlergehen Anderer gemacht. Er kann seine Verehrung für die Kaiserin und seine Ergebenheit gegen sie nicht verbergen, wenigstens tut er es nicht; ebensowenig die Liebe zu seinen Kindern oder die Anhänglichkeit an seine Freunde. Von der Königin Viktoria und der Kaiserin Friedrich spricht er stets mit der größten Verehrung, und als er einstmals mit mir über einen alten amerikanischen Freund sprach, der ihn angegriffen hatte, sagte er, es falle ihm schwer, einen alten Freund aufzugeben, möge er im Recht oder im Unrecht sein, und es sei ihm unmöglich, wenn er glaube, daß jener im Recht sei. Seine offenbare Achtung für seine alten und erprobten Beamten, wie Lucanus, Eulenburg, Studt, Beseler und Althoff, und seine Zuneigung für sie, legen starkes Zeugnis für die Wärme und Tiefe seines Wesens ab. Seine Rücksicht gegen die Amerikaner besonders ist stets bemerkenswert gewesen. Auf seine Anregung hin ist der Professorenaustausch zwischen den Universitäten Deutschlands und der Vereinigten Staaten eingerichtet worden, und er pflegte bei der Antrittsvorlesung jedes neuen Inhabers dieser Stellung an der Berliner Universität zugegen zu sein und ihn zu begrüßen und zu seiner Arbeit willkommen zu heißen. Er ist auch der erste, der diesen ausländischen Lehrkräften Gastfreundschaft und gesellschaftliche Aufmerksamkeiten zuteil werden ließ.

Wer je diese herzliche Aufnahme in seinem Lande und in seinem Heim erfahren hat, für den ist die Behauptung, er sei anmaßend und selbstherrlich, so weit von der Wahrheit entfernt, daß sie lächerlich ist. Wieder muß ich sagen, daß ich niemals, weder in einer Republik noch in einer Monarchie, einem Herrscher begegnet bin, an dem echte demokratische Offenheit ein so hervorstechender Charakterzug gewesen wäre.

Aber der Charakterzug des Kaisers, der den gewaltigsten Eindruck auf mich gemacht hat, ist sein tiefes Pflichtgefühl und seine Opferwilligkeit für die Wohlfahrt seines Landes. Das ist ein allgemeiner deutscher Charakterzug. Er ist die bewundernswerteste Seite des deutschen Wesens. Und der Kaiser ist, besonders in dieser Hinsicht, der Führer. Ich erinnere mich, wie ich eines Tages neben ihm saß und eine der Damen seiner Umgebung mich fragte, ob ich eine gewisse wohlhabende und ultrafashionable Dame kenne, die in der New Yorker Gesellschaft eine führende Rolle spielte. Ich entgegnete, nur dem Namen nach. Sie wollte weiter wissen, warum ich nicht näher, nicht persönlich mit ihr bekannt sei. Und ich erwiderte darauf, daß ich nicht ihrer Gesellschaftsklasse angehöre, daß ich sie nicht zu unterhalten vermöchte, und daß ich das oberflächliche und demoralisierende Beispiel und den Einfluß einer Persönlichkeit nicht gutheißen könne, die in so günstiger Lage sei, Gutes zu tun. Der Kaiser hatte die Unterhaltung mit angehört und sagte sofort: „Wissen Sie, in Deutschland schätzen und teilen wir die Leute nicht nach ihrem materiellen Besitz ein, sondern nach der Bedeutung der Dienste, die sie dem Lande, der Kultur und der Zivilisation leisten." Einer seiner Söhne sagte mir einmal, sein Vater habe ihm von frühester Kindheit an die Lehre eingeprägt, daß Pflichtgefühl und Opferbereitschaft die Kardinaltugenden eines Deutschen, und insbesondere eines Hohenzollern seien. Seine Tage sind Perioden ständiger Arbeit und strenger Selbstzucht. Er steht früh auf, lebt enthaltsam und arbeitet bis tief in die Nacht hinein. Es gibt in seinem ganzen Reiche keinen Tagelöhner, der täglich so viele Stunden seiner Arbeit widmet. Sein Wesen ist offensichtlich tief religiös, und in jedem Satze, den er spricht, gibt sich deutlich seine Überzeugung zu erkennen, daß der Knüttel des Polizisten religiöse und moralische Grundsätze nicht zu ersetzen vermag. Sein häufiges Anrufen der göttlichen Hilfe bei der Erfüllung seiner Pflichten wird bedingt durch die Überzeugung, daß diese Hilfe um so nötiger ist, je schwerer die Pflicht ist.

Zweifellos hat er eine tiefe, ja fast leidenschaftliche Sehnsucht für das Gedeihen und die Größe seines Landes, aber seine Auffassung von diesem Gedeihen und dieser Größe ist mehr geistiger und kultureller als materieller und kommerzieller Art. Mehr als einmal habe ich ihn sagen hören, daß er wünsche, Deutschland als wohlhabendes Land zu sehen, aber nur als das Ergebnis ehrlicher und gebührend belohnter Arbeit, und daß ein durch Gewalt oder Betrug erworbener Wohlstand eher ein Fluch als ein Segen sei und bestimmt sei, zu gehen, wie er gekommen. Sein Begriff von der Größe Deutschlands ist der einer großen geistigen und moralischen Macht, und kein anderer. Er bewertet die physische Macht Deutschlands hauptsächlich als das Mittel zur Schaffung und Erhaltung der Bedingungen, die für die Produktion und den Einfluß dieser höheren Macht erforderlich sind. Ich habe ihn diesen Gedanken oft zum Ausdruck bringen hören.

Und trotz dieses schrecklichen Krieges, für den so viele die Verantwortung fälschlich ihm aufbürden, halte ich ihn mit voller Überzeugung für einen Mann des Friedens. Ich bin vollkommen sicher, daß er in diesen Krieg nur auf Grund der festen Überzeugung eingetreten ist, daß sich England, Frankreich und Rußland verschworen hatten, um Deutschland als Weltmacht zu vernichten, und daß er, wie er in seiner denkwürdigen Reichstagsrede gesagt hat, einfach den Platz verteidigt, auf den Gott die Deutschen gestellt hat. Sieben Jahre lang bin ich selbst Zeuge gewesen, wie diese Überzeugung sich in seinem Geist und in dem der ganzen deutschen Nation entwickelt hat, während die Beweise dafür sich von Jahr zu Jahr vermehrten, bis endlich die Schicksalsstunde zu Serajewo schlug. Es ist mein fester Glaube, daß es auf der ganzen weiten Welt keine Seele gibt, auf welcher der Druck und der Kummer über diese große Katastrophe so schwer lasten wie auf dem Deutschen Kaiser.

Ich habe gehört, wie er mit größtem Ernst und größter

Feierlichkeit erklärt hat, daß er den Krieg als ein schweres Unglück betrachte, daß Deutschland während seiner Regierung niemals einen Angriffskrieg erklären würde, und daß er hoffe, Gott werde ihn vor der Notwendigkeit bewahren, jemals einen Verteidigungskrieg führen zu müssen. Jahrelang ist er sich dessen bewußt gewesen, daß die englische Diplomatie Deutschland durch ein Bündnis der lateinischen, der slawischen und der mongolischen Völker unter englischer Führung zu isolieren und zu zermalmen suchte, und er war mit allen Mitteln bestrebt, dies abzuwenden. Er hat selbst England häufig besucht. Er hat Staatsminister hinübergesandt, um die Bekanntschaft und die Freundschaft mit den englischen Ministern zu pflegen, aber nur selten ist der englische König selbst nach Deutschland gegangen oder hat seine Minister gesandt, um diese Besuche zu erwidern.

Mehr als einmal habe ich ihn sagen hören, daß er sehr ernstlich eine enge Freundschaft zwischen Deutschland, England und den Vereinigten Staaten wünsche, und daß er alles, was in seiner Macht stehe, getan habe, es noch tue und es auch weiterhin tun werde, diese Freundschaft zu fördern, daß aber, während die Amerikaner Deutschland auf halbem Wege herzlich entgegenkämen, die Engländer kalt, argwöhnisch und abstoßend seien.

Ich weiß, daß die beiden Dinge, die ihm in dieser Weltkatastrophe mit einziger Ausnahme der Leiden seines eigenen Hauses und seines eigenen Volkes, den tiefsten Schmerz verursachen, die Feindschaft Englands und die falsche Auffassung seines Charakters, seiner Gefühle und seiner Absichten in Amerika sind. Für die Heilung der ersteren können wir hier nichts tun, aber die letztere zu zerstreuen, ist unsere Pflicht und Schuldigkeit, und ich hoffe inständig, daß andere Gründe sich als ausreichend erweisen mögen, dies zur Befriedigung meiner Landsleute zu tun, als erforderlich waren, die englische Nation davon zu überzeugen, daß der hochherzige Abraham Lincoln kein Scheusal und der vornehm gebildete William H. Seward kein Dämon an Wildheit war.

Register.

Zeitfracht Medien GmbH
Ferdinand-Jühlke-Straße 7
99095 Erfurt, Deutschland
produktsicherheit@kolibri360.de